书院制视阈下高校"三全育人"实施路径创新研究

赵 静 著

中国民族文化出版社

北 京

图书在版编目(CIP)数据

书院制视阈下高校"三全育人"实施路径创新研究/
赵静著. --北京:中国民族文化出版社有限公司,
2023.8(2025.1重印)
ISBN 978-7-5122-1737-9

Ⅰ.①书… Ⅱ.①赵… Ⅲ.①高等学校-思想政治教
育-研究-中国 Ⅳ.①G641

中国国家版本馆 CIP 数据核字(2023)第 131068 号

书院制视阈下高校"三全育人"实施路径创新研究
SHUYUANZHI SHIYU XIA GAOXIAO "SANQUANYUREN" SHISHI LUJING CHUANGXIN YANJIU

作　　者　赵　静
责任编辑　赵　天
责任校对　杨敬瑞
出 版 者　中国民族文化出版社　地址:北京市东城区和平里北街 14 号
　　　　　邮编:100013　联系电话:010-84250639　64211754(传真)
印　　装　三河市同力彩印有限公司
开　　本　787mm ×1092mm　1 /16
印　　张　10. 5
字　　数　218 千
版　　次　2023 年 8 月第 1 版　2025年1月第2次印刷
标准书号　ISBN 978-7-5122-1737-9
定　　价　48. 00 元

前　言

新时代的发展对教育有了新的要求,高校是集纳人才的基地,而人才培养的质量与党的教育事业紧密相连,同时也关系着整个社会主义事业的发展。在目前的社会转型期内,传统高校沿袭的"以教为主"的育人模式,已经不能适应社会需求,难以培养出合格的人才。因此,高校结合新课标将"立德树人"作为新时期的根本任务,不断探索、不断优化育人模式。

"书院制"是当代高校促进教育管理体制改革的重要举措,也是深入研究全人教育以何种培养模式进行的有效形式。围绕全面培养学生发展这个根本性的任务,深入研究书院在育人、管理和促进学生发展过程中的存在规律以及重要作用,对推进书院制育人的合力最大化有着重要意义。

"三全育人"的含义是全员育人、全程育人、全方位育人,是中共中央、国务院《关于加强和改进新形势下高校思想政治工作的意见》提出的坚持全员、全过程、全方位育人(简称"三全育人")的要求。它主要包含三方面的要求:

一、高校要把"立德树人"作为根本任务,融入思想道德教育、文化知识教育、社会实践教育各环节,把思想政治工作贯穿教育教学全过程,把思想价值引领贯穿教育教学全过程和各环节,形成教书育人、科研育人、实践育人、管理育人、服务育人、文化育人、组织育人的长效机制。

二、提高站位,以知促行,切实增强做好"三全育人"综合改革试点工作的政治自觉、思想自觉和行动自觉。

三、强化担当,以行践知,深入推动"三全育人"综合改革试点工作在常态中出实效。

本书研究书院制视域下的"三全育人"的有效途径,力求摆脱旧有育人模式的桎梏,全力为国家、为社会、为人民培育出德、智、体、美、劳全面发展的社会主义建设者和接班人。

全书在内容的安排上,首先介绍书院制建立的价值和"三全育人"的理论内涵,使读者从整体上把握本书的创作根源和创作的重要意义。在此基础上,进一步探讨了三全育人的管理机制、队伍建设、建设路径、教育评估和案例分析等方面,全面阐述了"三全育人"的创新实施路径。本书框架结构完整,力求内容翔实,可为高校相关专业的教师提供教学及理论参考。

在本书撰写的过程中,参考了大量的文献资料,在此向各位作者表示衷心的感谢,由于本人水平有限,书中若存在疏漏之处,敬请读者批评指正。

本书系 2022 年度山西省教育科学十四五规划课题"书院制视阈下高校"三全育人"实施路径创新研究"(编号:GH-220152)的研究成果。

作 者

2022 年 12 月

目　录

第一章 高校书院制建立的价值

书院制是中国古代教育中的一朵奇葩，我国现代高校直接借鉴了西方高校后来的模式，同时又具有中国特色，在传统专业院校管理制度的基础上形成了与之统一的现代学校管理制度。现代高等教育学院制主要是参考国外高校住宿书院制度，但同样也继承了中国古代学院制度，而形成的一个跨专业的学生管理制度。制度的改革是相当慎重的一件事，现代高校书院制对于"我国现代高校到底有什么意义"进行了讨论。现代高校书院制主要模仿的是国外高校住宿学院制，住宿学院制是高校兴起时就形成的，是高校起源时的雏形。高校发展到现代，在科学主义背景下，建立了专业学院制。专业学院制是知识的取向，住宿学院制才是高校初心的体现。因此，分三个方面讨论我国现代高校书院制的价值。

第一节 现代高校对本质的回归

一、关于现代高校的起源

高校起源于欧洲，在 11、12 世纪是自发的或者依据教皇的意愿创建的，至 14、15 世纪出现了"君主的创建"。如博洛尼亚高校，最初是由学生和教师自发组织起来的个体协会式高校。英国的牛津高校是在 1167 年，英国召回了在巴黎高校的学生，由此而产生的。因此，高校在最初的时候主要是师生共同组成的，这就是高校最开始的组织行为特征。因此，《牛津英语辞典》中对高校做了这样的定义，它是"教师和学生共同汇聚在一起针对问题进行探讨的地方"。在中国发展的传统教育中，"高校"有其独特的使命，即"传道""授业"，在"明明德"。而书院制与其有些类似，古时候的书院是读书人自觉读书的地方，他们在那里自由讲学。对于现代高校的定义，说法有很多种。比如梅贻琦说，非大楼之谓也，乃大师之谓也；蔡元培说，高校者，研究高深学问者也；纽曼在《高校的理想》（1852）中提出，高校是传授知识的场所；雅斯贝尔斯在《高校之理念》（1923）中说，高校不是风向标，高校是"国中之国"；布鲁贝克在《高等教育哲学》（1978）说，高校是"现代社会的思想库"，高校是一座"人类精神的圣殿"，高校是"真、善、美的保护人"。

对现代高校的界定，没有一个严格的时间界线。当自然科学这门学科取得主导性地位后，针对高校教育就出现了关于人文教育与科学教育之间的争论，后来就出现了影响至今的技术主义和实用主义思想。在实用主义思想的直面冲击下，历史上有很多教育家、思想家提出过批判。最早的也是最有影响的就是纽曼的《高校的理想》（1852），在同一时期，洪堡也提出关于现代高校的定义，这一定义的出现，为现代高校的未来新发展奠定了基础，直至现在。哈佛学院前任院长哈瑞·刘易斯写了《失去灵魂的卓越》，在这本书中他说，哈佛高校曾经为了追求学术方面的成就，只看中研究生的教育，看中市场的名利，而忽视了本科教学，不重视学生的道德素养的培育，实则后者才是教育至高的灵魂。在这本书的中译本前言中，刘易斯提出："中国高校应该培养学生的人文精神、人格和对自己的社会责任的理解力吗？中国高校应该解放学生的心灵以便让他们决定如何更好地服务社会吗？如果中国高校课程强调了通识教育，高校生将变得更有创造性、更富想象力吗？"类似的著作还有安东尼·克龙曼 2007 年在耶鲁大学出版社出版的《教育的终结：大学何以放弃了对人生意义的追求》。

现代高校以专业学院制为制度特征，并且随着时间推移愈加强化。然而，高校是师生汇聚的场所。现代高校书院制是针对现代高校专业学院制的问题而提出的，基于学生住宿区域或其他空间建立书院，从而建立的一种打破专业界限、师生共同学习交流的教育制度。在现代高校中建立书院，就是让高校回归到高校建立的初衷。

二、现代高校未来发展的前景与思考

现代高校是一个非常复杂的体系。一方面，它代表的社会组织形态是相对独立的，内部系统的结构非常大，严密而复杂；另一方面，高校也是现代社会的重要的组成部分，自然会与其他的社会子系统产生交互影响，在这个过程中，高校就形成了适合自身成长的战略取向以及策略方法。高校理念与高校使命紧密相连。因为，只有确定高校的使命与目标，才能为高校理念定位。在今天，当我们提及高校使命时，必须面对一个不可回避的问题，即高校与社会到底是怎样的关系。高校要服务于社会，就必须依照社会需要去发展；高校要独立发展，就要保持独立的意识形态，做学术的研究，促进教育的发展。显然，在这个喧嚣的社会中，回到教育的"象牙塔"已不太可能，人是现实性基础上的一切社会关系的总和，高校亦如此。当然，现代高校不是"象牙塔"，但高校育人的本质不能因此而改变，高校之中仍然可以有"象牙塔"。法国的思想家蒙田曾说过："人的生存只有两种需求，一种是指物质，满足凡俗要求，一种是指精神，满足形而上的冲动。"意思就是，物质除了能解决人的饥饿和生活需求，并不能满足人的内心对精神的渴望，这是人性的根本特征。那么，高校这个团体，既承载人类知识传承，又要与现实相撞，集合传统与现代的种种矛盾要为自己确立一个位置。事实上，这不光是高校发展所面对的选择，而是现代人抉择的"十字路口"。

对此，走在时代前列的一些具有远见的学者给出了答案。他们认为，"象牙塔"与服务社会并不是对立的双方，两者的相容调和应该是高校发展的新方向。就像将高校比作一个登山的人，他的目标是"登上山顶"，而社会服务就像高校在攀登的路途中的风景一样，是价值的递增，而不是停顿。雅斯贝尔斯对比也持有赞同的观点，他在自己的著作《高校之理念》中指出："（高校）实现自己设定的目的是依靠某种特殊精神进行的，这种勇往直前，甚至超越了最初的目的，而这样做的结果便是为了更加清晰和冷静地返回初衷所想。"即，当把培养"整全的人"设定为高校发展的目标时，在实现目标的过程中，现实的目的就能达到。这说明不要单纯将教育局限在职业训练与专业知识的学习中，而是要注重激发受教者的内在综合素养。"教育最主要的在于选择完整的教育内容和激发学生之'思'……引导事物的根源……经过教育的启发使具有天资的人自己做出选择，决定今后会成为什么样的人，找到安身立命的方向。"高校的任务就是要培养出"整全的人"。以此作为高校发展的目标，突出的是人文精神的发展。至少，人文修养是专业教育之外不可或缺的重要部分，二者结合才是"整全的人"所表现出来的特征。具体阐述，即学生教育首先要培养他成为人，之后才会成为相应的社会角色，而做好一个整体的人，才会成为相应领域的专家。

那么，"整全的人"怎样培养，"灯塔"与"技能"怎样协调统一，就成了现代高校努力的目标。针对此，学术界给出了许多的建议，比如，近些年的"通识教育"和"人文教育"观点的提出，都是高校努力的成果。充分说明技能教育要付诸人文教育才能得以实现，不成人何成材！人文教育带来的精神转变成为解决高校弊端的方法。但是，就像胡塞尔说的，科学本身没有错误，而是人们看待科学的观念出现了问题。假设我们不改变观念，不改善高校评价的体系，不规避高校的功利主义的理念，站在实用主义的工具化方式去接纳人文学科，结果可能将人文学科继续沦为技能训练。那么，哲学的学习不能形成"智慧"。而是死记概念与教条；文学不再是精神传输，而仅仅是对文字与修辞的学习；历史也是如此……这样的结果，我们尽管通过了考试，获得了学位，然而依然未能达到"人文"教育所期望达到的精神内涵。因此，从根源上说，树立"全人教育"理念是改变技能教育的唯一途径。

第二节　我国高校通识教育的制度创新

现代高校书院制的内容包括学习社区化、导师制和通识教育，而通识教育同时又是社区化和导师制的基本理念。书院制之于通识教育的意义主要在于它为学生提供一种共同生活的经验。作为我国高校通识教育模式的一种新探索，当前书院制模式已经受到了诸多高校的关注，这种制度创新主要体现在以下方面。

一、"学院+书院"的协同发展模式

现代的高校管理系统，把课程的教学工作、学生的管理工作都放到二级学院的负责体系中。专业学院制作为现代高校的创新模式促进了高校的迅速发展，同时也为高校带来了很多新的问题。现有的专业教育模式要求必须具有专业的思维和视角，因此，"专业性"成为"双刃剑"。专业学院在加强学生的专业化学习中淡化了通识教育，长此以往，通识教育已然成为高校发展的弱点。此时，住宿书院制的方法大大改善了专业学院制的问题，专业学院的管理点在第一课堂，住宿书院则重视第二课堂，专业学院负责专业教育，住宿书院负责通识教育，架构"书院+学院"的通识教育与专业教育的共同发展。比较知名的当属香港中文高校，他们的通识教育课程分别由书院和学院共同进行。书院通识教育活动根据各学院的实际情况去举办各种活动，拓展课外活动的同时，培养学生的良好习惯。

二、书院模式拓展了通识教育的途径

住宿书院制注重学生社区的作用，这一点充分体现了育人的感染性、多元性和隐形性，通过学生的自我约束和管理，做到自我服务和自我教育，通识教育就会拓宽出很大的空间。专业不相同的学生"混住"，专业背景不一样思维就会产生碰撞，学生不同的兴趣和爱好就会得到融合，有利于帮助学生打开视野，形成批判性的用脑思维，提高学生的能力和创新发展，引导学生学习到很多交融性学科知识，有利于促进学生学到更多的知识，形成优雅的气质，成为一流人才。

导师制是通识教育实践中非常重要的一条途径。书院制的核心是"导师制"，导师制的首要精髓是教学方式的不同，重视对学生的个别指导，能做到言传身教，善于循循善诱；其次则是教学内容重视德智并重，善于制造学生喜欢的和谐、宽松、自由的教育环境。学生不但在学习中能收获导师的激发和启迪，并且还能学到为人方面的教诲。尤其是当前，社会竞争日益剧烈，新入学的本科生的学习和生活就需要导师的带领和指导，以顺利适应高校的生活。由此，学生要彻底了解通识教育，在这个基础上展开学习，避开自己入学的不适和迷茫，才能全身心投入专业学习，取得好成绩。此外，导师制的培养还可以通过小班开展学习活动的形式，让学生自主进行，增强主人公式教学，形成自我认同感，培养学生活动责任心以及相互之间的沟通能力。

环境育人在现代高校住宿书院中是非常特色的教学方式。书院的环境大体从物质、精神两个方面展开：物质文化环境指书院的外在条件：如整体怎样布局、建筑采用的风格、文化通过怎样设施及绿化景观展现等；精神文化环境与其不同，它是书院文化的价值核心，偏重于素质理念，比如人际关系的把握、学习风气的形成、建设理念的设立等，此外，书院的精神管理，如院训、院歌、书院名称等都是书院精神文化的重要形式。现代高校住宿书院都具有很好的学习环境，整体氛围浓郁，并根据学院特点形成特色书院文化，让学生在学习中身临其境、耳濡目染，最终成为对生活乃至生命的潜移默化，对书院的感情犹如自己的家，有认同感也有归属感，这就是书院制隐性教育功能的价值所在。

三、在书院模式下关注通识教育课程的发展与创新

综观通识教育内容的演变，已逐渐超越学术的教育领域，加入了更多与意识和态度有关的内容。通过对现代性的批判，人们对知识实质的认识已进入经验的联结与动态交互的网络时期，因而课程设计将回到现实。现代高等教育住宿学院制度为践行这些教学思想提供了有利条件，使得相关进行学院制度改造的院校进行了非常有效果的教学革新。

一是学校组织并开展了富有书院文化特点的通识教育课程。

如香港中文大学，在其住宿学院内开办了"香港社会环境""科学与人生""从文字到课堂：戏剧与剧场的探讨""新市场经济下的生活方式"等选修课。其逸夫学院所提供的课题主要侧重于协助学生认识国内经济社会现象，如"高校与社区""现代性的社会问题""中国香港社会福利服务""改革时期的中国政府：市场转型与社会变迁""社区与弱能"等。而根据学院特点，进行通识教学也是香港中文大学书院制度的主要特色，但因为制度上的差异，住宿书院制试点在内地高校并没有取得显著进展。复旦高校原复旦学院曾试行过开设通识教育课程的模式，但由于受到体制方面的制约，收效甚微。

二是在第二课堂的基础上编写了新的通识教育课程。

在澳门高等教育的学院制度改革中，政府亦致力于支持文化教育的发展，如"大志、大爱、大雅"教学项目。书院每学期都会举行一场以激励学员以"立大志"为主旨的名师讲座项目；大爱项目是加入有关公益组织，走出学校，到社会中去帮助弱势人群和贫困

人口；大雅项目以提高中小学生社会主义文化素质和品格为宗旨，分为"高桌晚宴"、社会主义文化艺术工作室和系列社会主义文化教育讲座等。

第三节　我国高校学生管理改革的契机

我国高校进行书院制改革的最终目的，就是要进行学生管理工作的改革。在我国，高校教育十分看重学生在思想政治方面的教育，目前已经有了相对完整的管理框架。一直以来，我国高校在学生管理工作上，贯彻党的教育方针，保障了人才培养的思想稳定。目前，全国所有院校在学生管理工作中均坚持了"以学校主导、学员自主为辅，校院（系）二级负责管理，以条为首、条块紧密结合"的机制。由于高等教育日益大众化，高等教育改革的进一步深化也形成了当前教育的新课题，高校也呈现新局面，传统的管理体制弊端越发明显。针对此，笔者建议进行如下改革。

一是树立育人为本的理念。

高校的学生管理工作细节十分复杂，主要包括思想教育、政治教育、心理健康教育、党团的组建和发展、学校学风的建设、学生毕业就业方面的指导、资助贫困学生和奖励优秀学生的工作等。因为工作多且繁杂、管理队伍专业能力不强，很多工作没有落到实处。主要体现在两个方面：首先，学生的事务管理体系不完善，不够专业；其次，在进行学生教育工作时没有落实到育人本位。这么多年来，有关工作的研究方案也展开了许多尝试，但是结果不尽人意。我国的高校学生管理从根本上是系统性不足的问题，需要通过对应的管理制度进行创新改革。在书院制的改革中，给予了书院重要的职能，不同部门会在学生事务管理中全方位展开教学工作，学生管理在教育职能会明显得到提升，从而解决高校学生管理与教学管理之间的矛盾，推进学生管理工作与育人的本位紧密相连。

二是树立全人教育的理念。

高校学生管理直接关系着人才的培养的工作，必须确立主导型的教育思想与创新观念。教育的最终目标就是培养人，所以，人格的教育特别重要。高校在现代社会背景下，要教育出引领社会发展的精英人才，特别要重视学生个人的思想品德的培养。全人教育理念的核心是自由教育，寻找人与人之间的互相理解，以及生命存在的真谛，关注每个学生的智慧、感情、社会存在性、物质生存性、艺术升华性、创新性与内在潜力的整体开发。全人教育注重学生的精神与物质世界的协同，关注生命的愉悦与和谐发展。现代高校在书院制度的改革中遵循的是"以人为中心"，目的在于以学生身心的发展为主旨，通过展开社群的教育，以及学习社区内的建设，开展并实践书院的教育作用，进而在人才培养有关方面设立全人教育的观念。

三是树立文化育人的理念。

中国古代的学院教育，往往特别强调学员个人教养与精神层次的形成，而欧美国家高校住宿学院制是以博雅教学为基础，并由此促进了学校的整体发展。一方面，由于高校的教学管理将实行学分制，高校课程设计将以选课为主导，学科限制也逐渐突破，传统的高校以班级为主导的概念将逐步淡化，高校学生在学习上越来越自主化、个性化，所以传统的高校约束模式会遭遇挑战。而随着高校课程的变革，学生的生活区俨然是相对集中的活动场地，专业学院对学生的个性发展、生活困难要给予及时引导和帮助，书院制的管理体系就这样产生了。另一方面，从学生的健康需求看，学生个体各有不同，差异需求越来越明显。当今大学生尊重自我意识，向往自由和公平，伴随他们在生活区的时间逐渐增多，学生的主体性特征就会逐步明显。现代化最大的特征是生活的多样性，所以新时期的学生管理工作一定要多样化。书院制度以此为背景设置，符合高等教育人才培养的模式和要求，符合中国高等教育对传承中华文化与人文精神追求的发展需求，有力地塑造文化教育的价值观，推动学校管理由纵向的科学管理模式向横向的学院社群管理模式发展。

总而言之，不管是从强调通识教育方面考虑（问题导向），还是对于中国高校教育制度文化根植的需求，又或是从解决现代高校"专业学院制"的制度存在缺陷出发，建立现代高校书院制是必然的趋势。这就是本书创作的逻辑起点。本书从书院制入手，探讨三全育人对于学生思想政治教育中的意义和作用。

一、书院制的含义及其特点

书院制是在我国古代存在的一个教学单位，起源于唐代，废弃于清末。它着眼于学员品德方面的训练，在高校的培养教育中发挥了至关重要的作用，现在还是有不少值得我们探索的地方。

（一）古代学院制有着自己的特色。

第一，它强调对经典著作的研究，尊崇儒家典籍，重视学员对经书的掌握；第二，老师教学和学生自修相辅相成，注意学员的自身培养；第三，讲会是古代书院教学的最主要表现形式，而且讲会有相应的礼仪；第四，在古代书院制度下，由于教师和学生之间有着和谐的人际关系，因此教师和学生相互之间的感情相当丰富。在长期的教育中，教师与学生间的感情也会越来越深入。

在欧美国家，也有类似于书院的体制，称为"住宿学院制"，哈佛大学、耶鲁大学等著名高校也采用了这个体制。在国外的现代化院校中通常都是由学生自行挑选宿舍，而美国这种院校也十分重视学生的寄宿生活，并充分考虑到了宿舍环境对学校发展的重要意义，宿舍环境对学生的学习能力及其各方面的培养，都有着很大的影响。同时，一个体系的正常运作也离不开内部各部分的协调。哈佛、耶鲁等著名高校已经建设起了比较完善的内部组织机构。例如，在耶鲁大学里，一共有12所住宿学院，每一个学院都有院长、住宿学院院士以及生活顾问等。住宿学院的院长是由校长任命的，对书院负责，负责住宿学院的学生工作。住宿学院的院士都是与住宿学院有着密切关系的教师以及行政人员。这些院士与我们在学术上所称的院士是不同的，他们有着自己独特的任务。一方面，他们要接受本专业学生的一些咨询；另一方面，他们协助院长的工作。在耶鲁大学的每个学院，新生入学时就会有高年级学生做顾问。学生顾问要帮助新生进行选课，还要在日常生活中对新生进行照顾和指导，以便新生尽快适应新环境、新生活。

（二）高校实行的书院制都有三个特点：

第一，必须将学生的思想道德建设置于至关重要的战略地位上。在中国以往的教育教学方式与体制中，学校、家长和学生自己所看重的往往只有对知识的掌握、能力的提升，所以思想与道德建设并没有摆放在关键的位置。有的学校尽管注重学生的思想启蒙，但仅仅从思想角度上提出，告诉学生需要如何做事、做什么，并未设立专门的组织去系统管理他们。学院制度从根本上彻底改变了这一方式，设立专门的机构、由专人管理这一任务。

第二，充分利用学生的家庭氛围，形成特色社区文化。毋庸置疑，学校与家庭氛围会对学生的成长产生巨大的作用。书院制充分利用学员所在的综合环境，将知识的培养与品德的养成进行结合，使学生们在潜移默化中受到周围环境的陶冶，改善自身的修养，用正向的情绪感染别人，促进人与世界的良性交流。

第三，书院制下，学生能够选择自己最喜欢的科目，不再需要教师为他们指定科目，这从一定意义上调动了学生的学习积极性，对他们的健康成长具有很大的作用。

二、高校实行书院制是必然发展的趋势

在我国，高等教育事业的日益蓬勃发展，在教学中也开始出现一些问题。首先，有的高校只关注学生的成绩，以成绩决定一切，这样就出现了学校只顾成绩而不重视学员素质的状况；其次，在部分高校里，师生关系比较冷漠，不能建立和睦共融的良好人际关系。在这个情况下，书院制度便应运而生。书院制度是新时期的学校德育管理制度，以学校的社团组织作为活动载体，推行通识教育，注重学生自身的素质培养，力图实现学员的全方位蓬勃发展。通过书院制度的建立，改变教学中成绩第一、成绩代表一切，思想政治被忽略的局面，由此看来，书院体制的设置，对我国创新人才的迅速成长、高等教育事业的深

入蓬勃发展和我国的经济发展前景都具有很大的意义。

社会的不断进步，产生了不同的意识形态，因此学生们的价值观也产生了多样化的发展。价值观对一个社会的形成与发展有着重要的影响，合理的价值观能够使他们最终获益，从而也能够使整个国家获益。现代高校学生是未来社会建设的主体力量，而学生的社会主义思想观念对于整个社会的建设也具有重要的影响力。现代高校学生的价值观和思维理念都是整个社会形成的重要部分。尽管社会的演变而产生了意识形态的多样化，但现代高校学生也应该从这一情况中明辨是非，形成合理的价值观，从而推动整个社会的发展。书院是一个重要的学习与活动地方，有必要担当起引领学生建立正确人生观的使命，向学生传递正确的理念。书院制度的设置能够让学生在思想上有一种正确的意识，引导他们建立正确的价值观。

书院制的实施，也符合了我国高等教育体制演变的大趋势。以往的高等教育大多只是停留在知识传授的层次上。在目前，仍有一些高校将高等教育单纯定位为使学生取得较好的成绩，而忽视了对他们的素养和思维层面上的培养。在这种培养方式下，就产生了一个问题：他们虽然拥有较强大的掌握知识的能力，可是在其他领域上却较为薄弱。而书院制的实施能够很有力的改善这种现状。在这一体制下，学生不单纯是知识的接受者，而且在其他领域的培养也受到关注，知识水平得到提高，素养也在不断增强。长期采用书院体制，就会培养出社会各领域的杰出人才。学校教育的真实目的在于将学生培育成全面发展的人，书院制度的实施能够实现学校教育的真实目的。

书院制度的实施是促进师生之间关系的有效途径。在我国以往的教育体系里，人际关系常常存在一些问题，导致学生畏惧老师，故意逃避老师，形成了很不和谐的局面。在学院制里，老师会有足够的机会亲近学生、理解他们，协助他们克服在学业和日常生活上面临的问题。在这一过程中，学生能够理解老师，能够亲近老师，积极与教师改善关系。长此以往，师生关系更为和谐，到达一个全新的层次。

香港中文大学是中国香港唯一采用学院体制的高校，它采用这一体制已有半个世纪的历史，目前设有崇基、新亚、联合、逸夫以及晨兴、善衡等学院，每所学院都有自己的特点。崇基书院注重全人教育，并且通过给同学们开展各类课外活动和培训计划，培育他们的自尊、自强意识。而新亚书院则注重于弘扬我国的传统文化，把我国的传统文化和现代化建设相结合，使他们更加牢记中国文化精神，适应现代社会的新挑战。

此外，西安交通大学也是采用书院制的高等学校，它把学院与书院的关系进行权与责的具体分工。学院抓学生学习，书院抓学生的思想政治教育。书院在进行思想政治教学的同时，通过非教学的课外活动培养学生的道德修养，让学生拥有更优秀的气质、崇高的人格和强烈的社会使命感，全面促进学生的综合素质。2006 年 9 月，西安交通大学创建了第一所学堂——彭康学堂，2007 年又创建了宗廉书院，2008 年又创建了仲英、南洋、崇实、励志成才、启德等五所学堂。每所学堂均有各个专门的班级构成，这些学院的形成为学校的全方位发展创造了一种优越的平台与氛围。而西安交大已形成的学校制度也具有自身的特点：即形成了一种全方位的辅导制度；指导学生主动地参加社区实践教学活动，在实践生活中培养学生分析难题、解答问题的技能；重视对学生社会责任心的培育，使其懂得感恩、学会感激社会，在实际生活中培育学生的良好人格；举办丰富多彩的社区活动，从各个角度关爱学生，使他们在校园体会到家的温馨。

北京航空航天大学目前已经采用了书院制度，学校管理由教育管理方式向服务方式的过渡，学生管理和教学改革互相融合。2012 年 9 月，学校新建立了知行、汇融、启明和航空四个院系。每所院系均有专业接近的本科生构成，目前，学校已具备了相当的规模：一是知行书院，由政府人文与社科研究所、外国语学院、法律系以及人文与社科高级研究所的本科生构成，一般入学时不分专业，一年之后，可从政府管理、经济学和法律这些学科专业中，选取一种专业就读；二是启明书院与航天书院，是由工科院系学院，电子信息工程学院、现代自动化科学技术与电子设备工程师学院和科学与技术工程学院、宇航学院、仪器科学与光电工程学院为主体形成的；三是以高级工程师学院为主体形成汇融书院，这是中国目前唯一的独立院系书院。

北京航空航天大学的书院制度也有着自己的优点。

第一，通过课程内外结合加强通识培养，这一教学的宗旨就是培育优秀的学生。

第二，与教师交流，以促进学生的成长发展。在书院制度里，老师的职责也不是单单讲授专业知识，而是全心认识学生，并与他们充分沟通，用自己的亲身经历帮助他们去完成学业，建立人生规划。另外，学院内部还设置有"名师工作坊"，借助这一平台，能够为师生之间的交流提供很大的空间，使教师更好、更充分地认识学生。

第三，不可忽视学生活动的社区。学院内设置有博苑、雅苑和星苑等室内外教学区，在宿舍楼设置有智能预约的学生运动区域，包括交流区、瑜伽房和多功能活动室等，这种社区的建立能有效帮助学生的健康成长。

第四，通过积极开展学生社团，培养学生在各方面的技能。学生通过参与社会生活与实践活动，培养自身的协作意识、自我管理技能以及合作意识等。

第四节　书院制与精英人才培养的关系

我国《国家中长期教育改革和发展规划纲要（2010-2020 年）》明确提出：要促进高校办出特色。建立高校分类体系，实行分类管理。发挥政策指导和资源配置的作用，引导高校合理定位，克服同质化倾向，形成各自的办学理念和风格，在不同层次、不同领域办出特色，争创一流。高等学校既有层次，又有类型，更有使命。当今，每个国家的高等学校都不再是单一的大学模式，而成为复杂多样的体系——由不同使命高校组成的体系。在全球竞争力评价中，教育体系满足国家经济竞争需要的能力是一项重要的指标。当前，我国需要从一流的大学建设转向一流的体系建设，以高校体系与社会的匹配性及体系内每所学校是否卓越为衡量标准。整个高等教育构成有机的系统，系统内各高校的办学理念、办学模式和管理模式不同，每所高校以自己的特色满足着不同的社会需求，每个学生根据自己的个性特征、兴趣和志向选择心仪的学校，每个教师根据自己的思维特点、能力和理想选择符合自己事业发展的学校。

一、精英人才培养是高校的重要使命

"精英"定义来源于意大利的知名社会主义家经济学家帕累托，形成于传统的精英教育阶段。中国传统"精英人才"特指身居上流社会地位并拥有很高学问的少数人，即政治类人才和专业类人才，侧重于个人身份和社会地位等外部属性，因此，他们是一个相对稀缺的人力资源类别。

第二次世界大战后，由于社会、经济和科技的发展，对高等学校教育质量的需求更高，推动了高等学校的快速发展，普通教育由此迅速得到普及。按照马丁特罗的说法，当中国高等教育的毛升学率小于15%时为精英教育时期，毛升学率超过15%、低于50%则为大众化教育时期。而2005年中国高等教育的平均毛升学率已超过了15%，意味着中国高等教育的大众化时期已经开启。

由于现代社会分工的不断深入和规范化，在高等教育的大众化时期，现代"精英"被带来了全新的含义和特点，它已经不受社会阶层的限制了，是一种相对广义的概念范畴，即通过社会划分，在特定范围中有相对比普通人具有更加优异的内在属性，也或者有很好的外在价值属性；在特定领域内和某种水平的基础上，在他们的引领和指导下能够提升全社会的增值并得以延续；在确定全社会的结构中这些人起领导核心的作用。简单来说，他们就是每个行业中的小部分卓越优秀人才。

高等教育大众性背景下的精英人才不但具有高智商，而且还要有良好的自由意志，主要体现为具备较良好的情感素养、较强的能力素养，以及较全面的知识框架特征等。在情感知识领域方面，具有较渊博的情感知识和深厚的科学知识基础；在才能领域方面具备创造力、掌握知识的能力、解决问题的能力、研究的才能和实际创造的能力；在能力领域方面显示出较强责任心、能吃苦耐劳、具备坚强的毅力和坚韧的奋斗奉献精神等。学校所培育的精英人才，是指高校中经过严格筛选，挑出的高智商、研究潜力很大、在对某一领域的研究表现出浓厚兴趣，并具备独特才能的优秀学生，能通过精英教育造就出对某一领域具备浓厚兴趣、创新意识和科研能力的专业人员和复合型人才。

在大众教育背景中给精英教育下定义，指的是培养优秀学生的一种模式，适用于各种教育领域。目的是通过严格训练培育出优秀学生，让他们适应社会所需要的高标准工作。精英教育是一种质的教育、分流教育和差异化教育。本书中的精英教育研究选定的是研究型高校的本科阶段，对这个阶段的优秀学生进行特殊的培养教育。

谁来管理精英教育，目前尚有争议。但对高教系统中的部分学校进行精英管理。我们相信，精英教育一直是优质院校和高水平研究型院校的主要目标。在高等院校发展广泛化的同时，中国高等教育结构的层次、类型、分流方式等差异正在加大。而少数处在中国高等教育结构上层的院校，则因为具备了较多优质的教师资源，能录取到更多优质的学生，能有较高质量的教学能力和较优秀的本科生和硕士生培养条件，在社会上具有较高的知名度和影响力，从而成为广大学生所憧憬和向往的名校，其主要目标就是积极承担培育精英人才的主要任务。

二、精英人才培养的基本理念是全人教育

精英教育以全人思想为基本观点和方法，它是由其本身的功能和性质决定的。通过对全国研究型院校精英培养目标的研究发现，精英培养目标的定位宏大而高远，很多院校都将培养目标定在培养"国家栋梁""高层次人才"等。虽然各院校的精英培养目标不同，但人才培养还是要注重个人的全面发展，注重于培养专业知识技能、综合素养以及开拓创新的能力，从而达到为国家培养出精英人才的宗旨。在培养标准工作方面，各院校都按照其人才培养宗旨，从基本知识、技能、综合素养的角度给出了具体培养条件和预期要求。从知识结构角度，主要是注重专业基础、人文自然科学基础和专业技能。从技能角度，主要注重培养学生思路敏捷、善于发现问题和解决问题，同时需要培养学生具备全球化眼光、主动学习的意识、具有研究意识、实际能力和创新能力。在基本素养角度，更重点突出培养学生具备高尚的职业道德和积极向上的世界观，具备强烈的社会责任心和坚定不移的发展信心，优秀的人文素质以及勤奋努力的团队协作能力。而精英人才培养与一般的人才培养模式的区别，在于培训领域方面更注重培养学生专业的质量、知识面的宽窄和深浅；在素质领域方面更注重培养学生综合思维的训练，突出创新精神和科研创新能力的训练；在综合素养上，则更为注重对培养学生的主体思维素养、道德、社会价值观、民族使命感和爱国情感的培育。

鉴于精英人才培训的多层次性、多元性，需要在各差异类别的高校中各安其位、分类开展，并充分发挥其资源优势，确定切切实实有效开展精英教育，在学生培养中建立独特

教育观念，并寻求更符合自身特点的精英教育方法（即便是相同阶段和同类别的高校中进行精英人才的培训也应具备差异化教育观念，实现自身的特点）。各院校在制定相应的精英教育时应坚持以下基本特点：要致力于学生的整体发展，塑造学生的心灵和个人品格；要关注他们的人格发展，维护和激发他们的工作积极性；要关注创新能力培养，拓展他们的全球视野；要重视学生学习自由，注重批判性思维与思辨意识的养成。各种社会精英在学识、能力、品格等领域都有着截然不同的外在体现，比如政治精英有较强的领袖组织与协调能力；学术精英有高深学习能力和很好的创造性思维能力；技术精锐有规范熟练的生产制造能力，等等。但他们的内部精神都是一致的，那就是超脱于私人利害关系、有道德自律和拥有强大的内在素养。

表 1-1　部分高校精英人才培养目标

学校名称	精英教育模式	精英人才培养目标
浙江大学	竺可桢学院	培养造就背景宽广、专业知识、技术、品格、文化俱佳，在学科和相应领域具备全球视野和持久能力的高层次创新型人才培养和未来领袖
复旦大学	复旦学院	培育全面发展的高层次创新型人才
北京航空航天大学	高等工程学院	"空天信"融合的高层次人才，培育高素质的国家经济现代化建设者和领军、主导人才
南京大学	匡亚明学院	培养具备优秀科研能力、人文素养、宽广专业背景、注重创新的拔尖人才
四川大学	吴玉章学院	拥有很高的实验技能、技术意识和创造力的本科精英人才
北京大学	元培学院	具备全球眼光、在社会各行业起主导作用，并具备创新精神与实际创新能力的中高层次人才
中国科学技术大学	少年班学院	培育在未来的10~20年内我国以及全球学术界、企业界技术创新方面的主要领导人才
上海交通大学	致远学院	培育能推动我国经济社会发展与全球科技进步的创新型领导人才
兰州大学	萃英学院	全球眼光，本土情怀，使命担当，渊博学识，领导能力，时代栋梁

"全人教育"（holistic education）又叫"整体教育""整全教育"，指的是充分挖掘出个人潜能才能培养出相对完整的个体的系统教育理念和模式。

"全人教育"是指在高等教育的全过程要以"以人为本，全人发展"的理念为主导，关注学生个体中内在潜能的开发，依据个体之间的不同给出正确的引导和激励，尽可能开发每一位学生的最大潜能，把人内在的本质和善于创造的能力加以开发，让学生变成自主发展的健全个人，在德、智、体、美、劳等方面得到全方位发展。全人教育不只关注学识上的"通"，还关注人格和能力方面的"全"。作为一个新教学概念，全人教育并不是一成不变的范式，而是以教育学生具备广博的学科背景，能够独立思考、处理现实问题，并富有社会责任心、价值观念和品德操守完善、健康的人生目标，这也就是所有关于人之所以为人的认识，"全人"是包括了各种能力、潜质和创新力量的错综复杂的、环环相扣的体系。

在全人教学中，教师注重对学生主动性的激发，以此帮助他们全面挖掘、发挥自我潜力，实现自我悦纳，并通过和别人交流分享，培养良好的生存技能、情商、知识和问题处理技巧，最后帮助他们自我实现。我们认为，全人教学的核心分为四个层面：一是培养整全的人；二是进行创造与个性的展示；三是鼓励学生成长；四是增强责任心。

（一）关于培养整全的人

所谓"整全"，是与封闭、盲目、简单相对而言的观念。一种整全的人应当是一种拥有完全独立的自我认识并完全向外敞开，与现实维持有机关联的人，主张人是以活动者的形体存在的，既并非能够随意塑造的"橡皮泥"，也并非全然不懂规矩的"破坏者"。培育全面的科学能力，虽不是固定的唯一、合理的方式与途径，但必须避免在实践环境中照搬科学主义的实践手段与条件；尽量避免使用强制性，因为尽管某些限制是必须的，但也要是最低限度的。

（二）关于创造个性的展示

创造个性，在这里指的是一种拥有创造性的表现（提出想法、发掘和开创新事情）潜力的人的特有人格素质或倾向。这些创新特点，根据卡尔文·泰勒的说法，是每个人都具备的。但是，每个人展示的能力和表现范围是不一样的。通过加德纳的科学研究，智力的多样性会使人与人之间在能力方面产生巨大的差距。所以，在现代教学中如何提高教学的针对性，因材施教，为学生提供足够的成长机会，让他们的创造性和自我展示能力受到足够重视。

（三）关于促进学生成长

教师要重视学生而不是被动教育，二者的区别在于这两种概念所反映出的主动情感和被动情感之间的不同。因为学生是主动性的，而身为教师，就必须用指导、鼓励和启发（如"循循善诱"）等方法去鼓励学生发展，相反，灌输、强制和惩罚等教育方法在教学过程中或许能收效于一时，从短期来看，即使其效果更高，但这可能也彻底毁掉了教育的初衷，从而使得学生更加疏远乃至厌恶教师。当然，学生的成长中必然地隐含着相应的社会期待，这种成长也需要反映社会的价值要求。因此，教师在促进学生发展的过程中往往会故意为之一些教学活动，但也要是恰到好处地，润物细无声地去进行。

（四）关于责任感的提升

一个整全的人同时还必须是一位有着很强责任心、能够自我承担的人。现代社会中，权利和职责共同组成生命的基础，缺一不可。而在教学现实中，教师由于各种因素，常常有意或无意偏执于一端，使得一谈"自由"就出现放任、放纵，一讲"职责"就变得束手束脚，完全没有平衡意识。因此全人型教育理念对提升教师责任感的重要性，在当前仍存在着很大的针对性。

经过对精英教育目标和特征的剖析，我们不难看出，在全人教育观念中"培育整全的人""实现个性的展示""促使学生群体成熟并且增强创造力"等基础因素与精英教学中"强调人的全方位开发""强调提高整全质量和创新能力"乃至"强调培养学生的整体思想品德、性格、价值理念、责任心"等特征高度符合，从而说明了精英教育的基本宗旨就是全人教育。

三、书院制是实施全人教育理念的有效途径和载体

书院制度是实现全人文化思想的有效途径与载体，这是由学院的培养方式的性质决定的。书院制度是通识教学与专业人才教学的结合，力求实现均衡教学的总体目标而制定的一项教学制度。书院制在中国古代有之，为中国传统古代教育的一个表现形式，集研究、讲课、收藏、刻书等诸多用途于一身，多位于自然风景优美之地，且通常邀请"学有专攻、德高望重"的学者负责书院相关工作，称之为一院之长。在书院的教学安排上重视老师和学生之间相互切磋，与学友取长补短，不同的学术思想，不同的学派之间能够通过探讨、争辩相互交流。以哈佛、耶鲁、普林斯顿、剑桥这些名校为代表的著名院校，都是实行住宿书院制的。所谓的住宿学校制度模式和中国古代的书院制度模式，在教育理念领域方面最大的相同之处是：在住宿学府里培养学员同吃、同住、同班的小世界，以促进学校间的交流；各个学校都有一名驻院的校长，并且有若干个驻院的导师；学员们经过住宿学校的培育，逐渐养成了共同的社会理念、公共责任、民主意志、敬业精神等；对学员的心理、智力、品德等进行全方位拓展，为社会培育有教养、具备优秀品格的精英人才。

实施全人教育，意味着所培养的学生需要掌握的不仅是某一学科方面的基础知识与能力，更要求具备高远的眼光、广泛的知识面、完善的品格、高尚的理想、高雅的生活情调和崇高的社会使命感等，而书院制在思想、内涵等方面恰恰与全人教学的目标吻合。

(一)教育理念的契合

在书院的教学过程中,推崇的是"以德育人"的理念。扩展理解,便是四句话:重视道德,反感追逐名利;注重尊师爱人,树立师生感情;重学业自主,弃门派之见;推崇科研革新,拒绝死守陈说。总之,崇尚以"人"为主的教育理念。而在全人教学理念之中重视以"人"为核心,但是提高学生的素养同样也很重要。以耶鲁书院为例,耶鲁书院全人素养教育的目标也并非单纯进行学生的素质教育,乃是改进学生的知识,发展学生的认识潜力,提高学生的自修才能。赫钦斯在《教育中的冲突》中提出:"教育的目的在每一个时期、每一个人类社会都是一样的,也就是使人变成人。"全人教育重视个性心灵成长,唯有如此方可引导学生走向宽广的科技与文化世界。

(二)学生管理方式的契合

书院中的学生管理方法,在其学规中充分显现。书院学规告诉我们哪些可以能做,哪些不能做,其表现形式即是管制学生行为,其实质是对学生进行某种心本管理。如朱熹的门人程端蒙,与其友人董铢等依照《白鹿洞书院揭示》制定的《学则》,对学生的礼貌、出行、说话、服饰、膳食、阅读写作、待人接物等内容都做了规定。通过这些管理明细观察学生表现出的心理需要,目的在于培育学生积极努力的学习态度,从而促进其内在的驱动力,激发学生创造力,进而达到主动发挥。这些管理模式最注重的是心理疏导,而不是为了限制和惩罚。全人教育中的学校管理制度,也是以耶鲁为例,它通过学校训育取代"家长监督",即学校的老师本着教育原则,顺应学生身心健康的需求并加以引导,使其向好的方面持续地生长健康发展。这个办法针对心理需求单一、思想还有待成熟的学生而言,恰好弥补了学生成长过程中的教育不足。这个规定和中国传统书院教学中强调心本管理的"学规"表现形式有所不同,但其表达的教育精神却有着异曲同工之妙。

(三)教学内容与方式的契合

书院教育注重德行的培养,通过教学和学术两种形式进行,但也开展实用科学的教学,明清时期,颜元晚年在河北肥乡的漳南书院教书,他分设了六斋:文事斋、武备斋、经史斋、艺能斋、理学斋、括斋,分别针对不同学科的内容,如文事斋主要包含礼、乐、书、天文、地理的学习;武备斋主要包含黄帝、太公及孙、吴子兵法等知识。在教学的主要方式上,书院在教育时采取个别对待、互相切磋回答、集中讲述等方法相结合,拔高学生读书穷理,格物致知,善于提问的理念,同时也重视学生的自学能力培育,学生依据自身的特征来合理设置学习的内容和进度。我们以南宋书院为例,它就特别注重学生的自我学习,深入钻研,但是,对教师也有要求,教师必须为学生群体讲授或者解说,而且,南宋书院注重学生积极提出质疑问难，不管是学生之间还是和老师之间问题讨论，都会被积极肯定。从《耶鲁报告》中，可以发现耶鲁大学为全人教师所提供的学科，涉及逻辑、修辞、语言、计算、天文、几何等，特别注重学生自己的兴趣爱好与专长所在。不仅仅开办的学科丰富多样，耶鲁大学还强调以人文科学来全面培养学生的文化精神与道德修养，在教学方式上强调锻炼学员的口才和善辩的技巧，强调灵活多样的传授方法，不拘泥于方式，以学员为中心，提出个性化教学方法，同时特别强调专业学科的实践课程，无论在课程或者教学方式上，书院培训和全人培训均有共通之点。

(四) 导师育人的契合

我国的传统书院教学中，因为其本体上是私学，所以不像官学一样受各种约束，学生能够自主地寻找教师，而教师又能够自主地选择学员，甚至对于不合乎规范的学生都可拒之门外。这实际上正是中国现代导师制的雏形，因势利导的教育思想在一对一甚至一对多的教育过程中，都能够得到很好的表现。同样地以南宋书院教学为例，它特别注重对学生进行因材施教，针对学员不同的能力而给予不同的教育，这些理念都对中国现代的教学思想有所影响。而导师制在中国全人教学中是很关键的组成部分，是一种重要的教育机制，如耶鲁大学能够给每位学员设置指导老师，并采取了住宿书院制度。这些指导老师都是由资深教师兼任，并且都居住在寄宿学校内，这样便于监督和引导学生，这些措施使学生和教师的互动十分紧密，教师对他们有着很大的言传身教作用，师生关系也十分和谐，就像是一个家庭，给他们的发展提供不少帮助。

综上所述，书院制教学是一个学校培养人才模式，对于定位于培育社会各应用领域精英人才的综合类研究型高等院校，能够成为教学质量提高、全人素质教育理想实践的有用载体，但是并不是所有的高校都适宜进行书院制教学改革。当前，中国高等教育资源分配非常紧张，因此，全面实施书院制改革也没有必要，甚至短期也不可能实现。因此，各高等院校在深入研究和推动书院制改革的过程中，要充分考虑高等院校的办学位置、人才培养方向、业务面向和教学资源条件等各方面的实际状况，进一步研究和讨论，以避免"一哄而上"的局面。

第五节　书院制是高校"三全育人"模式的创新思考

书院制就是国外所称的"住宿学院"，建设它的最初的想法就是为了给贫困的学生找一个免费的住宿地，随着我国教育历史的不断进步与发展，慢慢演变成为一些名校的特点。我国现阶段在研究继承古代书院制教学积累下来的精髓，参考西式住宿书院制的一些优秀管理模式的基础上，通过结合导师制、混宿制度和第二课堂等措施，慢慢形成"三全育人"的教育制度，积极培育学生德智体美劳全面发展的创新型综合培养模式。

一、书院制育人模式深化"三全育人"改革

我国古代书院制教育模式对中国现代高等教育发展有着很大影响，所以，书院制教育模式有效响应了我国"立德树人"的教育目标，为提升高等学校思想政治教学的有效性，提供了全新的契机。书院模式是现代院校教育管理模式的探索，是推进"三全育人"模式的有力措施，有助于推进学生的成长，有助于强化理念的引导，有助于提高人才培养的时代性。

（一）有利于实现学生的综合发展

现阶段，高校在教育体制上是以专业学院为主的，以此进行人才培养。教师的责任既涵盖教书，又涵盖育人，学院在专业教育和全人教育上是协同进行、共同推进的，但是，在实际的工作运行安排中，学院对思想政治教育的安排总是摆到次要的位置，造成了"三全育人"工作进程受阻，不能很好进行贯彻落实。这就要求教育体制要及时创新改革，加强在育人活动有效性实施的力度。将高校现有的教育体制改革与书院制相结合，创造出学院和书院制协同发展的育人模式，对高校育人责任合理分工的改革有着很积极的作用。专业学院尽管也肩负育人职责，但是关注点更多放在学术研究和专业知识的学习上。而书院教育则不同，尽管涵盖对学生专业知识的教育，但是关注点却在通识教育上，重视的是思想政治等人文教育，主要对学生进行综合素质的培育。书院制的建立与改革有效解决了学院对思政不够重视的问题，促进了书院和学院的协同发展。

（二）有利于把思想政治教育渗透到日常工作

在高等教育工作开展中，应该重视思想政治教育，将其放在教学的重要位置。在专业课知识教育和技能培训的过程中，教师设置的教学目标都相对清晰，就是通过教学方法带领学生通过学习掌握课程内容的重点，一般在课堂内都能顺利完成。针对高校学生来说，课外自由时间比上课的时间更多，也因此，课外的生活时间更有利于理想信念、价值观的培养。处于青年时代的大学生都是互联网中的"原住民"，网络充斥着他们全部的生活，网络生活极大影响着他们的生活。基于此，我们要非常看重学生的这部分时间的利用，书院制育人模式就是抓住了这个细节，将思想政治教育融进学生的日常行为及生活中。此外，高校学生从入学以来几乎都是在校园学习和成长，生活的区域基本固定，因此利用生

活区域进行思想政治的教育开展是非常新颖而具有实效的方式。书院制的改革将高校思政教育从领导层面，教师层面下沉到学生的生活中，把思想政治教育与学生的日常学习充分融入，创造出了思政教育的良好环境，通过"润物细无声"的模式，潜移默化地促进高校学生的思想价值引领。

（三）有利于增强人才培养的时代性

互联网时代的快速发展，不仅在很多重要领域都产生了突破性的进展，并且学科之间交叉相融的特征越来越显现。假如适应不了这个发展的趋势，培养出来的人才还是靠单一思维、缺乏学科融合的观念，就会被时代所抛弃。就目前情况分析，创新、创业的社会发展趋势已经成为这个时代学生发展的主趋势，过去，高校学生在毕业后寻求的是稳定的工作，而现在高校毕业生的就业体现的是自主选择的多元化，尊重自我选择，尊重自主创业。只有创新才有发展，国家提出了要建设创新型国家的战略部署。随着中国特色社会主义进入新时代，国家的发展和社会进步都亟须创新发展的人才。相对应的，创新型教育就成了高校发展的面临的新问题。假如不能抓住这个时代的潮流，在培养人才的时候不具备创新的意识，创业的能力就很难与时代发展同步，更不可能走在时代的前沿。而书院制育人的模式的开展，有效改变了高校创新人才培育所面临的问题。

（四）有利于完成学生教育和社会发展的有机连接

当前，高校学院制采用的育人模式还是较为传统，这种模式强调的是集中和强制，集中学习，命令式强制教育，相比于人性的发展，这种模式还存在一定的限制性，严重影响了学生与学生、教师与学生之间、高校与社会之间的互动。从学院与社会上各界之间的联系和产生的作用上来看，学院是研究性机构，是高校宣传和产生新生观念的主要单位，是产生社会性舆论的最主要来源，也是我国的思想意识形态进行宣传和教育的中心，并且严重影响着某个地区的经济和社会文化发展，拥有移风易俗和带动经济社会和文明发展的作用。传统的垂直型管理会影响学生在活动时放不开，缺乏主动性。相反现在的学生管理的范围面很大，基本涵盖了学生教学实践活动的所有，稳固了学校教育工作的顺利进行，但是，这种育人模式重点放在学生的班级和教学活动，忽略了课外生活以及学生的思想教育。书院制育人模式则大胆创新举措，该模式涵盖不同专业的学生，并让他们朝夕相处，充分沟通，形成了多学科思维、多学科融合意识，为不同专业的同学日后的合作奠定了基础，积累了社会资源。此外，书院制通过社区化管理模式实施以学生为主体的自我管理，为学生未来的创新、创业，以及学生之间相互产生联系创建了机会。书院制育人模式积极吸纳优秀学生参与到学生的管理中，这对日后学生自发地组织一些活动做了铺垫，同时也衔接了学校培养与社会教育二者之间的关系。书院制教育包含了学生在校内的生活、教育和毕业后的社会生活，促进了学生的综合发展。

（五）有利于提升高校生的创新意识和文化传承能力

书院制的育人模式集合了不同专业学科的学生，营造出多元文化共同发展的环境，增加学生知识的同时，提升了学生的实践意识。我国古代的书院文化特色非常浓郁，在现代高校中加入书院制育人模式，本身就是文化的一种传承与延续。书院承载着我国历史文化的发展演变，集合了多样文化内容，对高校的文化育人有着重要的影响。在这里，学生可凭借兴趣选择适合自己发展的书院，在文化氛围浓郁的书院中提升自身的素质和修养。在书院的文化建设中，书院的设施配置、院训、院歌、院标等文化符号的细节，都对高校生文化的传承起到了重要的影响。

二、书院制育人模式改革现状及不足之处

目前，部分院校正在进行学院制教育的变革，为高校教育带来了新的希望。虽然国内学校的试点数不胜数，但相比于全球名校，这一教育方式改革，总体上还是处在探索初期，面临一些亟待解决的困难。

（一）传统育人模式影响根深蒂固，对书院制育人模式改革认识不到位

现阶段高等学校教育模式开始导入书院制模式，但是人们一直未能充分认识到书院制改革的理论意义和应用价值，这对书院制教育模式变革造成一些负面影响。导入书院制不是彻底放弃原来专业学科组织架构，只是寻求二者在融合中更好实现教育功能。高校传统教育模式已经产生一些惯性，书院制变革会牵涉组织、制度等许多改革，这会带来一时"阵痛"。变革会触动某些利益群体内部的重新组合，变革时将不同班级学生安排在同一寝室，学生会有一段从心理到思想上的适应性历程，学生短期内会产生某些不适应心态。但是，从长远看，书院制改革创新必然会在高等教育发展中产生积极影响，能被学校接受，使家庭、社会各界满意，改进高等学校教育环境，增强教育实效。

（二）书院制的育人机制需要不断调整

根据现阶段的教育实践分析，书院制改革不但需要配套设施，更关键的是健全内部要素，并规范配套的岗位职责、激励机制，而这种职能、激励机制本来也不是一成不变的，必须在改革进程中继续加以调整、优化。因此，书院制改革就必须从两个方面加以调整：一是教育职能必须进一步明确清晰。专业教育与书院育人的任务必须进一步明确细化，从目前的教育实践来看"协同育人任务清单"并不容易细化，产生的信息沟通不顺畅、信息

不对称等问题，也在一定程度上降低了整个协同教育效率水平。二是对教育导师的管理、培养路径也必须更加明晰和顺畅。时代在发展，人才也在发展，符合社会发展节奏可以更有效实现教育目标，这是当前进行书院制改革的主要目标。有效监控、激励、反馈的机制没有满足制度的长期发展目标和需要，就不能建立高效运行的完善管理机制，有了监控措施但未能有效进行运用，有了奖励政策却未能长期实施。这些都是当前面临的问题，只有建立完善运作管理机制才能满足制度发展的需要，推动学员的全面成长，推动学校、老师的发展，从而全方位推动书院制变革。

（三）书院制育人模式改革的内涵建设不足

重视改革质量和内涵式发展是书院制度建立与发展的内核，是汇聚教师能量的精神力量。各个学院应该有自身的文化特征，这种文化特征应该作为教师发展的内生力量，形成教师引以为傲的符号。不过，就目前状况分析，部分开展书院制度改革的院校往往只抓了书院制度的"形"而未究其"本"，因此丢掉了人文特征，背离了内涵式发展的内核。这些学校在书院制度文化建设与特色凝练过程中，编制与学校历史传承有关的活动比较少，对教师开展学校历史的熏陶比较欠缺。培养的人才应该具备深厚的知识历史、坚实的基础知识、独立的思考与解决实际难题的技能，并具备严格的科学精神、丰富的人文素养、强大的责任与崇高道德情操，是我国现代教育书院制度产生的价值所在。学院文化是书院赖以存续的核心，书院文化在高等教育学院的改革中有着不同学院各具特色的精神内容。

三、高校书院制育人模式改革的创新路径

书院制是我国倡导建立的一项新式高校教育管理模式。古代推崇书院教育合一的教学方式、崇圣尚道的精神塑造、亦师亦友的师生关系的教育内核，等等，对现代教育研究具有很大的启迪意义。一是"以生为本"，各个年级各专业的学员混住，文理相互渗透，学科互补。二是设立导师制，由导师与学生全面联系，采取开放授课、小范围互动、谈心等方法进行穿透式教学，有效缓解学生人际关系疏离的问题。三是推行以学校为主导的自治管理模式，借助学院成立党团组织、各种学校社团组织机构，引导学生在专业知识范畴之外扩大兴趣爱好，发展潜能和创造性。四是培养特色人文科学，发挥文学对人的培养功能。专门院系着重于课堂的学科教学，住宿院系着重于人文课程教学与思想引导，形成一个双轨并行、两院协调的高校教育管理模式。书院制教育模式是实际教学发展的要求，以立德树人为目标，不但考查学员专业知识成就，同时考查学员的道德品格以及人文素质等综合素养。

（一）摒弃守旧传统，坚持创新发展

学校在书院制教育模式变革中，要勇于打破常规，主动转变观念，进一步探寻有利于自己的发展模式。一是要转变学校管理的理念，坚持以学校为中心。传统学校管理方法强调管理而不是服务，对学生的要求和权益重视较少。但是，各国高等教育战略和高校学生管理目标，都需要将学生设置为学校管理的起点和驱动力。所以，学校必须突破学科与专业的限制，树立以学生为中心的教育思想，强化各个学科、班级的互动教育，重视并调动学生积极作用，听取学生建议，培养学生的素养，打破常规教育，做到"人的全方位发展"。现在，一些学校已经尝试开展了"学生社区模式"的改造。学生社会类学院主要通过宿舍楼来建立。这类学院模式力求提供一种与院系优势互补的社会化学术生活环境，革新学院学生日常工作管理工作的教学模式，让学生感受社会的凝聚力与亲切感。二是由于信息化的高速发展，老师角色必须转换。在传统教学方式中，学生是被动的。新的环境与形势需要学生在学习过程中从被动转化为主动，要求推动协作和沟通能力的培养。所以，应该转变固有思维模式，不断做出尝试、持续加以实践，发挥书院制的实际教学功效，把立德树人当作教育的首要目标，授学生以"渔"，实现学生综合素养的提高，为党和国家培育德、智、体、美、劳全面发展的社会主义建设者和接班人。

（二）强化"双院制"设计，厘清"双院制"职责边界

书院制教育方式变革的最关键环节，是形成一种运行高效、职能清晰的"双院制"结构。在这一点上，肇庆学校书院教育制度变革的最主要方式是，每一所学院均设置了自己的领导机制、人员配备和年度预算。书院均实行院长负责制，由一位常务副院长管理监督书院的日常工作。由于学院制度还处在试验期，这种方式在实践中必须逐步加以验证与完善。"双院制"管理模式如果存在缺陷，会造成协同教育职能划分不清、管理工作失调，降低教育效益。一般来说，学院主要承担专业课程的教育实施、专业技能培养、论文答辩等任务，侧重于学员专业技能水平提高。书院将全面承担学生的政治思想理论教学、学生生活服务管理工作、育人队伍管理、学生第二课堂拓展活动、校园文化建设工作，并侧重于保障学员心理健康、提升学生的人文素养、指导本科生开展团学活动等。处理好书院和学院的工作，并不定期召开双院协作会议，及时处理工作进程中出现的情况，确保书院和学校有分工又有协调，共同完成教育任务。

（三）加强"双导师"队伍的建设与管理

高等学校在考虑推行书院制教育方式变革时，应尤其注意"双导师"团队的建立和培养。一要建立对"双导师"的甄选与管理规定，发挥"双导师"协同育人的功能。选任

"双导师"时要坚持四个准则——高进、严管、精育、高出，要在教师能力层面上提升学生素质外，还需要建立一个教育质量较高的优秀教师团队。让专职教师做专业工作，导师要从专门学校选派，提供其专业发展方案与教学规划，从学生实际情况考虑，帮助他们完成学业。导师可以是由书院辅导员担任，选择愿意奉献、品格高尚、文化素质好的人员加入这一行列，协助学生进行综合开发。二是在"双院制"运作机制中强化"双导师"的培养和管理工作，把"先培后任"视为工作准则与前提，深入开展一系列培养活动，将专业导师培训为专业能力出众的人才，将教育指导老师培养为学校事业服务管理能力强、文化素质高的人才。三是进一步完善"双导师"评估考核制度与奖励政策，进一步充分调动教育导师工作的主动性，帮助导师拓展个人提升与成长空间，进一步拓展教育服务领域，逐步形成高层次的人才。四是构建"双导师"协同教育体系，搭建一种简单高效的平台与知识获取途径，给学生提出合理的意见与帮助，学生在掌握知识的同时更好地进行综合素养的提升。

（四）以思想政治教育为引领，创建"五进"式公寓，拓展教育功能

事实证明，建立"五进"式公寓是提高学校思想政治理论教学有效性，培养学生综合素养的好方法。一是党团组织走进公寓。在学生寓所内设有党团组织，组织党员学生参与党团组织建设，设立党员示范岗，定期举办党员培训交流会。二是文化活动进公寓。组织学生到公寓内进行主题鲜明，形式各异的文学交流活动，通过开展优良传统文化教育学习、先进典型事迹传播，充实学生公寓生活内容，以文化教育人，寓学于乐。三是学业导师进公寓。每栋学校公寓楼均聘有专业指导老师，专业领导定期不定期深入学生公寓，实施以专业指导为主的教育支持，形成学习型公寓及和谐温馨书院师生社区，全方位提高学校的教育管理水平，鼓励他们成长发展。四是建立心理教育咨询先进单位。在学生公寓内建立高校心理教师工作室，对学生进行心理教育辅导，以保证学生心理健康，并防止学校心理风险事故的发生。五是安全教育进公寓。强化学校安全教育，提高学生的应急反应能力，增强学校安全责任意识和安全预防意识，营造平安稳定祥和的教育环境。

（五）以学生为中心，构建专业年级交叉融合育人空间

书院制注重"因材施教"，以适应学生多样化成长需求，并凸显学校教育的针对性与实效性。因此，学校要遵循专业交替、学科融合、年龄交叉的规律，形成学科间整合教育课程，并利用不同学科与不同年龄学生间的交流互动、沟通，扩大其认识广度和教育视野，从而调动学生成为教育参与者的积极性和主动性。书院对学校课程之外的教学空间加以充分整合和有效设计，并通过强化与教师互需的物质条件。书院制教育模式改革必须在摸索中不断完善与发展，各种制度的建设完善无疑是其中的重要部分，可以让书院制与学

校制度的整合创新发展有章可循、有据可依。

　　书院的教育方式在国内推行也获得了较好效果。但是，总体看这一制度还是处在探索时期，怎样做好书院仍缺乏可复制的经验，探索成效尚有待深入考察。探索有很漫长的道路要走，要在实践中摸着石头渡河，必须持续摸索，不断总结经验，不断完善。高校学院制度教育的探索方兴未艾、如火如荼，只能说明此次探索意义重大、作用巨大，并无法完全解释其潜在动力。学院的教育模式改革由院校、政府、社区协调推动，必须通过积极探索与实施不断完善学院教育制度，以促进个人的全面成长，并培育出能担当新时期大任的中国特色社会主义建设者和领导人。

第二章　"三全育人"的理论基础

　　"培养什么人、怎样培养人、为谁培养人"是我国高等教育始终高度重视的根本问题。全国高校思想政治工作会议以来，多次强调"实现全员全程全方位育人"。"三全育人"是新时代推进育人理念和育人方式变革的重大命题，体现了立德树人的根本任务和"育人为本"的教育理念，扎根中国大地，融通古今中外，立足时代发展，面向未来世界。

　　本章以中西方"育人为本"教育思想的内涵和发展脉络为基础，梳理了"三全育人"理念的形成过程，阐述了"三全育人"的内涵和特征。

第一节　"育人为本"教育思想的内涵与发展

　　教育人类学家哈梅斯贝克指出："一切的教育活动，都和人的思想密切相关。"探索教育的本质和教育区别于其他社会活动的前提性问题是思考人的发展特性及其规律。教育的本真诉求是育人，教育的内在使命是对人的关怀。教学的关键是"教书育人"，教学通过认识"人"，了解"人"，更好地完成培养人的实践活动。教学具有"为人"和"属人"的品格，是学校以教育为本的教学思想的核心。所以，从根本上来说，教育教学的最终目的就在于让人成其为人，教育本质上也就是"教书育人"，以人的思想出发点和最后归宿。古今中外的教育思想，无不蕴含着"教书育人"的价值原则与宗旨。"人"不仅作为教育的起点，也是教育的归宿。中国目前正处在特定的社会发展时期，由于历史的前进和经济社会的蓬勃发展对人的各方面能力也提出了很高的要求。以人为本的社会主义建设思想已经根深蒂固，为现代教育的发展创造了良好历史环境和社会基础。育人是现代教育事业赖以生存和持续向前发展的内在动力，现代教育事业应该坚持对自身教育的内在目标，贯彻以人为本的人学理念，认真贯彻教育教学中的以人为本思想，切实地将人的教育工作放到第一位，即坚持以塑造"完整的人""全面发展的人"为基本目标，不断进行人的改造，同时又要推动人的成长、进步。

一、"育人为本"的内涵解读

对"育人为本"的概念解读，应建立在对"教育"内涵的解读上。因为历史的不同，中西方对高等教育制度的理解也有着语境上的不同。西方的经典中，教育一般有"引领"之意，暗含教育的内发性，对个人的作用构建在"引导"的基石上。赫尔巴特也认为，教育是从训育和牵引两词而来。所以，家庭教育就是以特定的价值标准为引导，采取特定的家庭教育内容与方式，将潜藏在人本身中的价值"引导"起来的活动。在传统的中国文化背景下，"教育"是使人"向善"。《说文解字》中说"教，上所施，下所效也"，"育，养子使做善也"。《孟子•尽心上》中说"得天下人英才而培养之"，是"教学"第一次出现在古籍中。但中国古代一般用"教"或"学"来指称"教学"，且二者具有很大的不同。到了19世纪末20世纪初，由于日本教学类书籍的翻译和介绍，"教学"一词渐渐代替原有的"教"与"学"而作为一组基本的概念。由此可见，不管是中国或者西方，"教学"与"教"都有根本的不同，"教学"一词更多强调"使人向善"的内涵，而"教"更多是一组中性名词，是某种技能层次的体现。"教"更多是以"教"为载体，"育"为指向，"教"仅仅是手段和外在的表现形式，"育"才是根本目的。另一方面，教育者的"教"也蕴含着对受教育者的"育"。通过对被教育者的自身建构，实现对其矫治引导。它虽然是一种外界强加因素的过程，但主题却是推进、完善受高等教育者主体结构、自身改造的实践的步骤。

教学是融价值引导和意义建构于一身的教育活动，"育"是教学的实质体现，"教书育人"是教学的本职使命，是教学自诞生之时起就具备的存在特征，因此"育人为本"是教育的目的和要求。"教育为本"是高等教育的基本价值，"教书育人"是高等教育的首要任务，表现了高等教育的价值诉求，回答了"高等教育何以称其为高等教育"的本质问题。"育人为本"突出了教育作为一个专门培育人的兼具价值导向和意义建构功能的社会实践。

教育的原点即育人，意味着教育要以"育人为本"。教育所回归的"人"，是"现实的、单个的社会存在，个体既是一个独立的分子，又作为社会共同体中有机的组成而存在"。"育人为本"强调教育应当站到"人"的立场上来，以人的生成、完善为基本出发点，将人的发展作为衡量的基本尺度，用人自我生成的逻辑去理解和运作教育。[①] 从教育

---

① 鲁洁. 教育的原点：育人 [J]. 华东师范大学学报（教育科学版），2008（4）：15-22.

的原点出发，以育人为实践指向，以培养"完整的人"为终极目标的一种价值理念，是敦促教育回归实践本质的一种价值使命。"育人为本"坚持以人为本的立场，关注具体教育情境中的现实的人，以"育人"为核心，通过"育"这一中介性实践，实现人成为人的目标。同时，以人的可塑性为前提，以培养"完整的人"为归宿，极力彰显人的主体性，强调"教"与"育"融为一体。

社会主义科学发展观的核心和根本是"以人为本"，体现了建构和谐社会的基本价值理念，表现了人的价值主体性与实践能动性，突出人在社会发展过程中的历史地位与目的，是人类社会发展的最高价值原则，肯定人的生存与发展，以惠及人的需要和发展为终极的理想追求。"育人为本"是"以人为本"在教育领域的体现。人是教育的对象，教育面对的是处于发展中的、有自身发展差异性的人。培养人是教育的根本所在，教育的专职任务在于"育人"，既体现了教育本真的实践行为，又体现了教育的价值指向。教育正是以"育人"为根本，以"以人为本"为基本的价值取向，才能通过培养人的实践，实现教育存在与发展的目的。由此，"育人为本"和"以人为本"的价值理念，从根本上服从于培养人的教育实践目标。

"育人为本"最本真的意义始终以"教书育人"为基准，以"人"为社会价值内核，既关涉高等教育的"起点"，又反映了高等教育的现实归宿和精神品质。首先，"育人为本"体现了以"育"为学校教育的实践基础，在学校教育工作中，"育人"应该是学校教育工作的基础与最后归宿。以"育"为实践导向，举办各类培训教育项目。其次，以"人"为教育的价值核心，为了人之所以为"人"的基础权利与自尊的教育，是近代以来人类进步的成果。高等教育"要以人的方式对待人，培养理性而自由的主体"，这是高等教育之为"高等教育"的人性要求。再次，以"教书育人"为教学之"本"，教学是"属人"的社会实践活动，其基本出发点与最后归宿就是培育真实的、全面的、发展的人。可见，课程教学的原位本质和目的根本就是"教书育人"。教学、人和社区三者的矛盾统一于"教书育人"的实际中，教学转化功能的着眼点首先是"教书育人"，它透过人的"社会化"来实现"化社会"的目的。最后，作为教学任务的"育人为本"，在经济社会时期，不但要求人的能力也需要提升，同时对教育的意义追求也越来越强烈。能够持之以恒的贯彻"教书育人"的宗旨，信守"育人为本"的教育理念，并始终将学生的全面发展放在首位作为发展方向。因此，"育人为本"已经形成了中国高等教育发展历久弥新的基本原则，它也应该作为衡量中国高等教育变革和发展过程的主要价值基础。

二、"育人为本"思想的发展脉络

对历史上"育人"思想进行简要梳理后发现，无外乎两条主线：一个是"人"，主要关注在教育中各时期对"人"的认识及培养什么样的人；一个是"育"，主要关注各时期"育"的方式及指导思想。

（一）中国教育史中的"育人思想"

先秦时期诸侯争霸，却带来了百家争鸣、思想繁荣的文化盛况。各家各派的学说中都有关于教育的论述。《学记》中记载，"君子如欲化民成俗，其必由学乎"，"玉不琢，不成器；人不学，不知义"，概括了教育与人、教育与社会的关系，隐含着不同的"育人思想"。孔子充分肯定教育的作用，认为教育在促进社会的发展和人的发展中起关键作用，提倡"有教无类，因材施教"等原则。孔子十分重视教师的作用，强调教师自身的道德修养和职业道德对学生的影响，提倡"学而不厌，诲人不倦，以身作则"等。教学过程重视学生的主动性，提倡"不愤不启，不悱不发，举一隅不以三隅反"，要深入了解学生的情况，善于启发诱导。孟子的教育理念是在"性善论"的基石上，"人皆能够为尧舜"，家庭教育的意义就是扩充"四心"，确定个体发展的可能性，强调内心的体认反省，培养具有浩然之气的"大丈夫"品质。荀子认为人性恶，对人的本性如果不加以控制和诱导，则人有走向"恶"的可能，教育的作用就是"化性起伪"了。他还指出，家庭教育是由后天的条件决定了一个人的好和坏。荀子重视教师的地位和作用，从社会赋予教师的社会地位出发强调尊师，"尊师"则"国兴、法度存"，"贱师"则"国衰、法度坏"。在对教育的认识上，虽然儒家思想对"人性"的认识不同，但都非常重视人自身的修养，通过教育实现人格的完善。

墨子主张教育对人的影响如染丝，"染于苍则苍，染于黄则黄，所入者变，其色亦变"。教育便是培训"贤士"或"兼士"，以便于承担教育治国利民的使命。墨子以"兼爱""非攻"为教，同时重视文史知识的掌握及逻辑思维能力的培养，注重实用技术的传习，重视发展思维，注意逻辑概念的启发。道家尊重自然之性，不强制进行人为的限制，"法自然"反对教条和人为。

王充认为，人类大多数一生下来就是个"中人"，中人之性格可经由家庭教育而使其逐渐定型。统治者必须注重教化，并充分发挥文化教育在治理国家化民中的主要功能。王充认为，教育的目标是培养"文人"和"鸿儒"，即杰出的政治人才和学术人才，教育应以培养具有创造精神的学术人才作为最高理想。

韩愈提倡尊师重道。他还指出，"人非生而知之者"，所以"学术必有师"，老师的主要任务在于"传道、授业、解惑"，选择老师首先要参考"道"，"道之所存，师之所存"。老师之间的作用是相对的，能够转换的，"弟子无须低于师，师无须贤于弟子。闻道有分别，术业有专攻"。

朱熹是宋代理学的集大成者，他特别注重德育对改善人生环境的影响，学校德育的主要目的就是"明人伦"。他说:"古之圣王,设为学校,以教天下之必皆有以去其气质之偏,物欲之蔽,以复其性,以尽其伦而后已焉。"朱熹在综合前辈教学经历和自身教育实践的理论基础上,根据对人的心理特征的最初认知,把教育分为"小学"和"高校"两个阶段,并提出了相应的教学任务、内容和方法。道德教育是朱熹教育思想的重要内容,他认为"德行之于大……,故古之教者,莫不以是为先"。德行不仅可以修身,还可以推而广之去治人、治国。所以,朱熹认为道德教育的方法包括立志、居敬、存养、省察、力行。

王守仁与朱熹一样,也把"理"视为人类思维的起点和根源,以巩固封建统治。王守仁认为,教育的根源就在于"不假外求,求理于吾心,致良知"。"致良知"在于消除物欲对"良心"的蒙蔽,使人本心上的善良得到发掘,也正是他提出的"明其心"。他还指出,学校必须贯彻"随人分限所及"的教育原则,即因材施教,根据儿童发展程度及接受能力,恰到好处地施教,同时教学应该留有余地,使得学生"精神的力量有余"。

维新运动年间,大批仁人志士为教育事业奔走呼吁,他们大力革新科举,建立学校,并把教育事业视为救国救民的良药。康有为承袭了我国古代注重教育教学的优良传统,认为"欲任天地之事,开我国之新世界,莫亟于教育",通过与西方国家的教育比较,提出"夫智慧之民多则国强,才智之士少则国弱"。他主张重教育、开民智,废八股、改科举,学西学、派游学。他的教学理念启新风、推解放,对后来的四方教学思想、教育方法,都产生了重要的引领意义。

蔡元培先生的教育思想是中国传统文化的精华与西方现代文明相结合的产物。在"教育培养什么样的人"的问题上,他提出教育要培养具有"完全人格"的个人,"完全人格"是他要培养的自由、民主、平等等社会新人的目标。为实现"完全人格"的培养,他提出了"五育"并重、和谐发展的教育方针。蔡元培是第一位提出国民教育、实利主义教育、公民道德教育、世界观教育和美感教育"皆今日之教育所不可偏废"的教育思想家。蔡元培针对封建教育无视学生特点,违反自然,压抑、禁锢、束缚个性而提出"尚自然,展个性"的教育主张。他主张教育独立,推行"思想自由、兼容并包"的办学原则。他认为,高校是研究高深学问的学府,高校的办学原则是思想自由、兼容并包,实行教授治校等。

杨贤江是早期在中国系统传播马克思主义教育思想的理论家。他明确以马克思主义的唯物史观为理论基础,分析教育在社会中的地位与作用,认为教育属于"观念形态的劳动领域之一,学校是赋予劳动力以特种资格的地方"。杨贤江一向关怀青年,主张教育应注重青年身心的全面发展,使青年成为一个健全的完人。"健全的完人"要有强健的体魄和精神,有工作的知识及技能,有服务人群的理想和才干。帮助青少年树立正确的人生观是教育的头等大事。

陶行知的教育思想大致可以概括为"一个理论，三大原理，四种精神"。"一个理论"即生活教育理论。"三大原理"是"生活即教育""社会即学校""教学做合一"。"四种精神"是"爱满天下"的大爱精神，"捧着一颗心来，不带半根草去"的奉献精神，"敢探未发明的新理，敢入未开化的边疆"的创造精神，"千教万教教人求真，千学万学学做真人"的求真精神。陶行知认为，新教师不重在教，重在如何引导学生去学。对于教育，要有信仰心、责任心、同理心，要有开辟精神和试验精神。对学生，陶行知说，"学"字的意思，是要自己去学，并不是坐而受教；"生"的意思，是生活或者生存。将二字放在一起，就是自主地学会生活，就是学习人生之道。陶行知认为，理想的新学校是以生活为中心，不只是在书本上下功夫；师生共同生活，彼此感化；以健康的生活和教育为出发点；学校与社会生活息息相通；人人具有高尚的生活精神，以学生发展为本等。而新教育的功能是改良个人之天性，养成团队合作的好习惯，传承优秀的文化，成就教师自己的事业。新教育的目的是养成"自主、自立和自动"的国民。新教育的标准是"自新、常新、全新"。他主张创造的儿童教育，教育要解放儿童的创造力。他还提出"六大解放"，即解放小孩子的头脑、眼睛、双手、嘴、空间和时间，进一步培养儿童的创造力。

（二）西方教育史育人思想回顾

希腊文化是西欧文明的重要起源，其教育思想也在文明历史上占有重要地位。西方教育史的"育人思想"，要从"古希腊三哲"说起。苏格拉底的教育思想是以其哲学思想为基础的。"善"是苏格拉底先生哲学思想的精髓，把人当作有知识、有理想的动物来对待。人应该本着善和明智的精神活动，把求善的美德当成做人处世的最高目的。他指出，教学目的是培养治国才能，要挖掘、开发人的品德和善。在论述品德和学识的联系上，他认为"美德即知识"，品德和善可经由教育、掌握各类学识来达到。人的天赋虽然各有差异，但是都应该通过教育获取知识、完善美德。在教学技术方面，苏格拉底的"产婆术"，也称"苏格拉底法"，是指一种学生与教师们一起对话、共同探讨问题，并掌握教师专业知识的问答式教学法。这个教学方法注重以他们为中心，注重激发他们的积极性与兴趣，帮助他们独立思考问题，提高他们的逻辑思维，以便辩证、具体地对待事物。柏拉图的哲学思想与他的老师苏格拉底一脉相承。他把世界分成了现象世界和理念世界。认识对象并非是对万物存在的现象世界的认识，而只是理念世界的回忆。柏拉图的主要哲学思想表现在教育上，他主张教育才能改变人类、陶冶情操、实现理想国的唯一手段，主张教育为国家培养哲学家和军人，主张国家对教师的控制力和监督权，主张通过公养公育的方式培养社会人才，柏拉图还首次提出了从学龄前教育至高等教育包罗万象的高等教育制度系统。此外，柏拉图认为，知识是对理念的认识，学习就是回忆。观念世界是永恒不变、绝对的、完美无缺的，唯有了解观念世界，才能得到真正的知识，学习是重要的途径，学习的过程就是回忆的过程。灵魂在获得人形之前，就已经在肉身之上生存下来了。通过运用身体各种感觉官能重新得到原本拥有的知识，所以，学习的过程其实不正是在恢复自身固有的知识吗？所谓学习的人后来也仅仅在回忆，而学习的过程也仅仅是回忆而已。

亚里士多德的教育思想和他的思想紧密联系在一块，他主张家庭教育是为城邦培育有道德的民众，为政治服务。他反对家庭教育，但主张家庭教育必须是为城邦而统一施行的整体。按照亚里士多德的心灵理论，凡是有人生活的地方就有心灵，包含了理性的心灵、动物的心灵、植物的心灵，而德育的核心就是促进公民的德、智、体的全面和谐发展，更具体的就必须有智育、道德和体能三个方面的锻炼。他还主张按照儿童年龄分期，并强调家庭教育就必须按照孩子发展的自然次序。他还指出，在教导儿童时，必须先将教育功夫用在学生的生活习惯方面，然后再涉及理性方面，所以我们就应该先锻炼学生的体魄，然后启发其理智。"古希腊三哲"都将理性看作人的本性，并主张从理性的视角出发寻找人的价值。

洛克开创性地将新生儿的心灵形象地比喻为白板，认为儿童在受到经验影响之前就显示出个体差异。洛克认为，"为自己的孩子提供良好的教育是父母非常重要的职责和应该关注的事情，社会福利和国家的繁荣昌盛也都非常需要教育"，并认为"人们在举止和能力方面存在的差异是由于他们所接受的教育不同引起的"。洛克关注的教育问题是特殊阶级成员的教育，是一种"绅士"教育。洛克认为，"美德应当是教育的主要目标，因此家庭教师应该将美德放在教学活动的中心位置"。洛克重视身体健康的重要性，主张儿童的身体健康和心理健康之间存在相互依赖的关系，"健康之精神寓于健康之身体"。理性在洛克的思想中扮演着非常重要的角色，他认为儿童应该能克制个人嗜欲，修身养性，培养顺从的性格，在逆境中苦其心志、劳其筋骨，达到身体健康强壮与精神饱满安适的良好状态。

夸美纽斯也是当今世界上一位了不起的现代教育理想主义者，他相信，现代教育是最普遍的，适合于社会上一切的人，而任何一座生活秩序井然的住宅区，都需要学校教育。高等教育是一种权利，应该被大家共享。高等教育制度必须确保青年从各种课程中受到高等教育，这些教育可以让青年有知识、美德和虔诚。教育艺术作品是将所有东西传授给人们的教育艺术作品，教育工作应该以最科学的、令人愉悦的、有趣和完美的方法完成，如此可以获得真正的学识、公正的道德和最深的信仰。夸美纽斯对从宏观的教学体制中的教学组织与教学方法，到微观的教学活动都提供了有建设性的、切实可行的看法与意见。他的教育法方案认可了使每个人都有足够的机会获得自身发展的一种权利。

卢梭提出了自然主义教育，他认为"出自造物主之手的东西，都是好的，而一到了人的手里，就全变坏了"。卢梭将人类的教育来源划分为三类，即或受之于自然，或受之于事物，或受之于人，教育者的首要任务是尽最大可能让三种教育形式和谐发展，这意味着教育者应该遵循自然教育规律。教育应该首先理解儿童的权利，要克服"普通教育"引导儿童关注他们的责任带来的驯服和顺从。对于童年时期的教育，卢梭主要的教育方法就是不干预，反对任何以未来生活为幌子而阻碍了儿童天性发展的童年时期的教育。教育的目标是幸福，儿童教育应该由儿童的需求引起，应该来源于儿童天性或者他们的倾向性。在教学方法上，他主张剔除正规语言教学中的道德说教，从经验和观察中学习。

裴斯泰洛齐是卢梭教育思想的真正继承者，他一直在践行《爱弥儿》中的教育思想，将教育的对象面向真正的贫苦大众。他认为，教育在帮助个人获得社会地位并积极参与民主政治团体活动的过程中起关键的作用，教学是推动人发展的一个过程。有效的教学秘诀是让授课内容与特定年龄段的儿童能力水平保持一致，制订适合儿童能力发展的有组织的授课计划，提倡以学习者心理为主的教学方法。在尊重学习者心理发展的同时，试图重塑从感觉经验转变为理解力的自然发展过程，这一教学法的核心是"直观"概念，是所有知识和经验获得的基础。他呼吁现代意义上的政府"教育授权"，知识必须具有实用价值，必须为国民的个体生活提供有益的帮助。他强调教育三分的观点，即体育、智育和德育三种教育应该得到和谐发展。裴斯泰洛齐认为，教育的最终目标是为儿童的独立做准备，为他们未来的生活而量身定做。他的教育思想既包括高尚的道德，也包括实用主义内容。

苏霍姆林斯基的教学理念中充满了对学生的关爱和人道主义精神，指出教师的培养目标是培育健康、安全成长中的优秀学生和社会健康的人，让学生品德、智育、体育、劳动、音乐美术等五大领域都得到和谐成长。并指出为了达到这一培养目标，必须改善教育过程，实施"和谐教育"。"和谐教育"思想重视教育同创造性的生产劳动相结合，课上与课下相结合，校内与校外相结合，影响学生发展的各种教育力量相结合，学生受教育过程与自我教育过程相结合等。"和谐教育"追求的目标是，学生在以上这些因素和谐共存的状态中得以全面发展。教师在"和谐教育"实施过程中扮演指导者和学生朋友的双重角色，同时处理好学生的理论学习与实践活动，学生各种才能的发挥，学生情绪和情感动力的问题。他的"和谐教育"观念是"全面发展"理论的重要组成部分。

杜威是实用主义教育流派的代表人物，他认为"教育即生活""教育即生长""教育即经验的改造""学校即社会"。教育是儿童生活的过程，最好的教育是从生活中学习、从经验中学习，教育是要给儿童提供生活的条件。在《民主与教育》一书中，杜威认为"教育的目的是要使个人能够继续他的教育，不是要在教育历程以外去寻觅别的目的，把教育作为别的目的的附属物"，即教育就是它本身的目的。"从做中学"是杜威教育理论中的另一重要观点，他主张学校教育应该摆脱死板的传统教学方法而创造出社会化的生活环境，使儿童具有天赋的社交、制造、表现等本能。

西方的教育思想以苏格拉底哲学为源头，重视人本身的生存权利与价值，教育思想不但要培育身心平等、真善美之人，还为人的发展建立理想社会，并发扬个性，以培育人的创造精神与独立思考的才能。我国古代的家庭教育思想以孔子为源头，主要从社会教育角度考虑，以道德任务和维护良好人际关系作为家庭教育的重心，重视伦理道德教育，培养"君子"的品格。中西方的育人思想既有特定的历史文化背景，同时也是社会发展的体现，为新时代育人理念奠定了基础。

第二节 "三全育人"的内涵和特征

"三全育人"重心在"全"，核心在"育人"，通过育人范围、时间维度、空间维度的扩展和融合，营造立体、全方位的教育格局，培养有健全人格和全面素质的时代新人。这一理念具有时代性、发展性、创新性，有力推动了高校思想政治教育工作的开展和育人体系的完善。厘清"三全育人"理念的内涵、特征，是开展育人工作的前提。

一、"三全育人"的定义

所谓"三全育人"是指全员育人、全过程育人、全方位育人。所谓的"三全育人"是指整体教育、全方位教育、全面育人。"三全育人"内容丰富多彩，兼具教育理念引导和实际指导。具体来说，"全员育人"注重的是教学育人支撑体系，是最具可塑性的育人因素，包含学生本身、家长、老师、社会力量等；"全过程育人"注重的是教学育人的时空路径，是最具可塑性的，从时限上来看包含从学生入校到毕业，从空间结构上来看包含对学生进行培养、管理工作、资金扶持等活动；"全方位育人"注重于教育成效的全面性，既包含了第一个教室、第二个教室、网络空间等立体育人场域，又包含了品德、智育、运动、美术、劳育等的全方位教育要求。

(一) 全员育人

全员育人，强调的是施教原则者的教育责任。对学生开展思想政治教育，不仅是高等院校的教学，而且家长、社区老师以及学生本人也是思想政治的主要施教者。"全员育人"是指高等学校所有教职工都必须积极参与高等教育事业，为增强教学能力和教书育人责任，必须认真地把政治思想教学内容和育人要求贯彻到各阶层、各部门，采取各种方式对高等学生开展思想政治教育。这里的"全员"既包括党员领导干部、思想政治理论课教师、辅导员、班主任、心理健康教育教师、就业指导教师等党建和思想政治工作队伍，也包括直接对学生进行知识教育的全体专业课教师，以及间接对学生产生价值影响的管理人员和后勤服务人员等，同时也应涵盖学生自身、校友和校外人士，形成全学校、家庭、社会、学生"四位一体"的育人共同体。

从学者们关于"三全育人"的内涵阐述方面看，全员育人的要素是人，强调育人主体由"单"变为"全"，拓宽范围，与学生成长相关的群体都要有育人意识，承担育人职责，发挥育人作用。教师的本职是教书育人，既要向学生传播科学文化知识、正确的思想、真理，又要塑造学生的品格、品行、品位，帮助学生健康成长、成人。无疑，教师已成为全员育人的主体。而对育人对象产生教育影响的不仅包括学校的教师主体，还有学校的管理、服务岗位上的教职工和学生群体，及以父母为中心的血缘关系的亲属团体和社会主体。传统思想中过分强调教师"传道、授业、解惑"的职责和任务，忽视了其他主体对学生成长的影响和引导，导致对学生的思想政治引导过多集中于学校、课堂，形式单一，效果有限。"全员育人"扩大了育人范围，形成育人共同体，客观上也推动了社会成员道德意识的加强。

（二）全过程育人

全过程教育从时间角度提出的教育要求，强调高校生的思想政治教育是一个贯穿始终的过程。把立德树人的理念，渗透到了高校教育发展、学生成才发展、老师培养发展的全过程，从而形成了高校学生从入校到毕业的整体教育发展环节，甚至是推进至大中小学一体化发展，建立长时段、可持续、贯穿式的育人链条。学生从一进校门到毕业，从每个学期开学到结束，从双休日到寒暑假，学校都应精心安排思想政治教育，不能出现空白点，思想政治教育要贯穿高校生就学全过程。

全过程育人，强调遵循学生成长规律，体现了对高校生阶段特点及心理变化的关注。人的身心发展具有顺序性、阶段性和特殊性等特征，不同年级学生的身心发展、学习需求、思想道德具有不同特征，新生更关注对高校生活的适应，大三大四的学生更关注就业、升学等，应该对不同阶段的学生开展不同形式的思想教育工作，针对学生的特点和需求，有的放矢，既强调学生从基础教育到高等教育的衔接性和持续性；又强调遵循学生成长规律，深入研究学生身心发展特点，做好阶段性育人工作；强调教育内容、方法、载体等要素的适当选择、灵活运用，使育人主体和育人对象达成思想上的交流、情感上的共鸣，使育人对象在德、智、体、美、劳方面得到全面发展。

（三）全方位育人

全方位素质教育，是在空间层面提出的教育要求。全面教育，是指形成自上而下的纵向教学空间，通过采用各种行之有效的教学方式和技术手段，建立由内而外的横向教学空间。通过打通校内校外、课内课外、线上线下等教育渠道，充分运用各类教学资源和平台，把思想政治教育渗透到课堂、科研、学校管理和社会实践活动等各方面，实现育人工作的协同联动。因此，全面教育就是以立德树人为核心，各教育主体协调配置，充分地利用各类教学资源、育人条件，创设良性的教育气氛，引导学生进入各类具有教育特点的气氛之中，学生德智体美劳等各方面进行发展。

全面教育有着丰富多彩的内容，涉及教育的思想方式的立体性，教育方式和手段的多样化、层次性，以及教育内容的整体性、系统化和全面性，等等。教育教学思维方式的立体化是强调在教育思想理论教学活动中，要培养从多角度、全方位、系统、全面地认识问题的能力，也就是说要跳出点、线、面的局限，要从上下左右全面去考虑的教育思想方法，也就是要"立起来"思考问题。教育教学方式和手段的多样性是强调要充分运用各种方式和手段开展思想政治教育工作，教育教学的方式和手段既不能过于单一，也不能落后与守旧。教育教学方式和手段的层次性是强调我们在思想政治教育工作中使用的方式和手段要有系统性和层次性，针对不同的教育对象和不同的教育内容要选择不同系统和层次的方式和手段，不能随意使用。教育教学内容的全面性、系统性与整体性是强调思想政治教育的内容应该是全面的、成体系的，而且能相互联系成为一个整体，而不是片面的、碎片化的，甚至相互割裂、相互孤立的。从对"三全育人"的内涵剖析可以看出，"三全育人"作为一种教育理念，并不局限于德育这个范畴，而是指在整个教育过程中，教育者对受教育者进行的一种立体的、全方位的教育。从宏观层面来说，"三全育人"是党和国家推进新时代高校思想政治工作的战略性方针。教育部做出"三全育人"综合改革试点的工作部署，既是对高校思想政治工作规律的深刻总结，也是从落实高校立德树人这一根本任务出发，围绕"如何育人"这一主题进行的全局思考、系统设计、整体推进。把"三全育人"提高为学校教育政策目标，着眼于改进和优化教育行政和高等学校现有的教书育人策略选择，从政治学角度、策略指导和价值观上需要高等学校主动地推进"三全育人"改造，将"三全育人"贯通到高等教育整体办学治校各区域、教学活动各阶段、人才各业务层面，形成"十大育人"系统。

从中观层次来看，"三全育人"是指高等学校在负责主体、经费保障、团队构建、机制保证、评估与监测等方面所形成的思想政治工作体系机制。高校是否建立了科学、合理、务实、有特色的"三全育人"体制机制，并将其贯穿学科体系、教学体系、教材体系、管理体系建设中，关乎"三全育人"的氛围营造、路径选择、格局形成和成效取得。高校是落实"三全育人"的中枢系统，只有充分发挥高校"三全育人"体制机制的功能，才能统育人共识、整合育人资源、形成育人合力。

从微观角度出发，"三全育人"更侧重于帮助高校的教师把这一思想和做法贯彻教育教学的全过程。唯有高校教师在思维深处认识到了自身应尽的教育使命，把"三全育人"的教育理想有意识地融于工作，并深刻掌握"三全育人"的思维方法论要领，"三全育人"才能落在实地。所以,"三全育人"的精华就是其超前的理念价值和方法论意义,实现"三全育人"的理想,重点就放在思想要深刻、方法要深而得要领。

二、"三全育人"的核心要义

三全育人是一项系统工程,"三全育人"重心在"全",要求实现"教"与"育""管"与"育""服"与"育"的融会贯通,这是其深刻的内在含义。

(一)以育人为本,致力于培育具有健全人格和全面素养的世纪新人

育人为本是教育的灵魂与核心,是高等教育的根本特点与发展追求。育人为本的教学理念,强调教学工作不但要注重人的当前发展,要注重人的长期发展,也要注重人的整体发展;不仅要关注被育之人、育人之人,还要关注所服务之对象——国家和人民,为国家服务、为人民服务,不断满足国家和人民群众的需要。"育人为本、德育为先"是实施教育的主导思想。

高等教育是最高层面的国民教育,体现出了一个国家教育的基本层次与能力,同时肩负人才培养、科学研究、社会公共服务、文化传播发展、国际合作的重大任务。其中,人才已成为中国高等学校安身立命的基础内涵。随着我国特色社会主义建设步入新时期,我国高等教育迎来了从"大"到"强"、从规模增长到质量提升的历史飞跃,高校人才培养面临着新的更高的要求。如何建立同党和国家事业发展要求相适应、同人民群众期待相契合、同我国综合国力和国际地位相匹配的世界一流高等教育,培养大批拥护中国共产党领导和我国社会主义制度、立志为中国特色社会主义奋斗终生的有用人才,是新时代我国高等教育发展面临的重大问题。对此,必须把社会主义建设者和接班人作为教育工作的根本任务和教育现代化的方向目标,努力构建德、智、体、美、劳全面培养的教育体系,形成更高水平的人才培养体系。

(二)体现高等教育立德树人的精神内涵要求

"三全育人"思想是在新时代背景下,对高校生全面培养和高校管理工作的全面思考。尽管"教书育人"当中不可避免地涉及了活动和生产的知识培养,但就"三全育人"而论,其核心所在则是育人之"德"。此处的"德"是广义的,不仅包含了个人修身自律的品德,营造良好家教家风之私德,还包括遵守社会优良生活和生产秩序之公德,乃至关心国家和民族命运、推动国家和民族发展的大德。因此,这里"德"离不开对人生价值的选择,离不开看待世界和社会的立场、观点和方法。从根本意义上说,"三全育人"所要育的"德",就是要在思想观念层面培育教育对象树立正确的世界观、人生观和价值观,培

育教育对象切实把握好其成长成才和成人的人生"总开关"。

深入贯彻落实党的教育方针以及立德树人的目标，不仅是党十九大报告中十分重要的要求，更是新时代下高校教育发展的前进方向。世界一流高校的核心是为社会培养出一流的人才。[①] 实施高等学校的"三全育人"，归根结底是要把立德树人融入思想道德教育、文化知识教育、社会实践教育各环节，贯穿基础教育、职业教育、高等教育各领域，体现在学科体系、教学体系、教材体系、管理体系各方面，全员、全过程、全方位锻造堪当民族复兴大任的时代新人。

（三）构建跨时空、全领域、全要素的人才培养体系

我国不断推进现代化教育进程，不仅是为社会源源不断输送创新型发展人才的重要举措，更是我国实现人才强国和人力资源强国的重要内容之一。创新人才教育培养作为《国家教育事业发展"十三五"规划》中的重要内容，其人才培养模式的转变既满足了人民群众的需要，也是社会经济发展提升的关键突破口。工业 4.0 时代的到来，让我国高校的人才教育培养模式面临前所未有的挑战。传统的教育教学方法及人才培养模式已经不能满足当前社会的发展和变革。因此，以创新人才培养模式为主导，将课堂教育教学内容进行深化，并不断对高校教学方式方法进行优化和创新，才可以为高校提供和营造更加有利的环境。与此同时，在创新人才模式的构造过程中，还需要不断的完善和细化，在互联网信息技术大背景的依托下，通过大数据及人工智能等增加高校课堂的个性化和人性化教学，积极促进和融合互联网与高校人才培养教育，继而提升高校教育教学质量，为高校提供多样性的发展可能。

"三全育人"提倡全员、全过程、全方位的育人体系，坚持"十体系联动"，构建课程育人、科研育人、实践育人、文化育人、网络育人、心理育人、管理育人、服务育人、资助育人、组织育人的"十大"育人体系，实现了育人资源共享、育人力量汇聚，体现了对人才培养体系的创新，通过构建跨时空、全领域、全要素的立体、复合人才培养体系和模式，健全人才培养机制，保证人才培养效果。

（四）满足人民群众对教育的共性和个性需要

教育是现代社会对人类发展的最大需求之一。教育工作就需要进一步适应人民群众对日益增长的科技文化教育需求，特别是要满足人民群众渴望子女接受优质教育的需要，切实保障人民群众及其子女接受良好教育的权益，努力办好让人民满意的教育，办好让人民

---

① 张佳晨. 基于新时代下高校落实"三全育人"的理论与实践探究 [J]. 教育现代化，2019（55）：16-17.

满意的学校，让教育发展的成果惠及全体人民，真正体现出发展为了人民、发展依靠人民、发展成果由人民共享。让所有人都能够享有公平的受教育机会是教育最崇高的理想。教育公平是社会主义教育的本质要求。保障人人享有公平的受教育权利和机会，使全体人民学有所教，是教育工作义不容辞的责任。教育的最高境界是满足每个人的个性需要和他们的期望。1994年，联合国教科文组织通过的《萨拉曼卡宣言》首次提出了"全纳教育"的概念，即为人们创造一种有效的教学机会，同时符合每个学生不同的需求，也就是说要让人们获得他们所需求的有效的学习机会。"三全育人"的教学思想，使教师们既要认识社会发展与教育过程的复杂性，又要认识每位学生所具有的不同教育特点，使教学过程可以同时适应每一位学生的需要。

三、"三全育人"的特征

"三全育人"既是教育理念，也是行动指南。要牢固抓住新时期"三全育人"的思想特点和时代价值，在确立观念、学习方式上下足功夫，抓住"三全育人"的特点，建立"三全育人"制度，实现"三全育人"的培养模式。

（一）教育实践性问题："三全育人"是对高校教育中实际问题的最有力回答

当前，中国学校教育事业发展仍面临着许多实际难题，有思想认识问题，又有具体的实际，有途径手段难题，更有体制机制问题，最根本的难题就在于学校"围绕学生、关照学生、服务学生"的教育能力不高。一直以来，高校育人工作主要由学生思想政治工作者和思想政治理论课教学工作者两支队伍来承担。相比较而言，高校其他教职工群体的育人主体责任是模糊不清的，他们在承担育人责任方面也没有行之有效的考核方式。这势必导致高校中不同程度地存在"重教书、轻育人""重管理、轻育人""重智育、轻德育""重科研、轻教学"的现象。在全过程全方位育人方面，由于过度依赖上述两支队伍，高校育人资源整合、育人方式转变、育人意识提升、育人时空拓展方面都滞后于人才培养需求。此外，由于育人的协同效应较弱、载体和方法欠缺，高校"三全育人"工作亟待从供给侧方面进行改革，以实现与需求侧的契合发展。"三全育人"理念是回应以上现实问题的钥匙，新时代"三全育人"理念的核心价值在于建立"人人育人、时时育人、处处育人"的工作意识，增加科学育人的供给，以回应思想政治工作需求侧的新变化。

（二）教育发展性："三全育人"内容，随着社会教育条件的发展变化不断丰富

在全球国内形势重大变革，世界各类思想文化相互冲撞交锋，社会意识形态多元化的大历史背景下，高等学校的教育条件也出现了巨大变革。新形势下高等学校的社会资源越

来越丰富，教育要素也越来越丰富，教育活动也越来越复杂，教育空间极大扩展。首先，在整体教育界，除了承担学校教育任务的全体教职工都要积极参加教育事业，高等学校也要积极动员所有的社会资源投入支持教育事业，以建立社会协同的教育格局。其次，在整体教育界，学校思想政治教育必须呈现向后拓展的大趋势，老师不只有在课堂上教育，学生也不只有在校内受到教育，理论引领必须贯穿在学校教育教学与学生发展成才的全过程。最后，在整个教育领域，学校教书育人的时间点也要进一步扩大，线上线下、课内课外、校内校外都应关注"怎样更好地教书育人"这一问题。高等院校不同学科的授课教师、进行管理和服务的人员，能否置身于"教书育人"之事外？毫无疑问，答案一定是否定的。

(三) 思想创新性教育："三全育人"和新思政观指引下的高等学校思想理论教育模式

"教育绝不是单单一根线的工作，而应当是全面的，无处不在、无时不在的。"育人工作需要全员参与、全过程贯穿、全方位渗透，需要在新思政观的引领下进行综合改革。要从中国特色社会主义教育是知识体系教育同思想政治教育相结合这一基本认识出发，坚持两者的辩证统一，科学认识和把握思想政治工作的定位，整合各方育人资源，把促进学生成长成才作为学校一切工作的出发点。各地区、各学校乃至各院系，应该针对各自的特殊性，从学生的视角、学科的视角、工作任务和职能的视角，创新三全育人的开展路径和实施办法，突出重点，彰显特色。[①]

四、"三全育人"的意义

"全员育人、全程育人、全方位育人"德育机制的实践有助于发挥学校、家庭、社会在教书育人、管理育人、服务育人方面的作用，有助于学生的全面发展和综合素质的提升。高校"三全育人"工作是一项富有创新性和创造性的工作体系，在立德树人的教育细化中，将社会主义核心价值观进行有效融入，才可以将教育理论根植于高校教学课程中，促使其落地生根并枝繁叶茂。这也是全面建设创新型社会主义接班人的重要内容。"三全育人"体现了立德树人的内在要求，适应了当前人才培养的趋势，也符合了思政事业的发展，对力求形成德智育体美劳全面培养的教学体制，建立了更高层次的人才培养体系。强化了党组织的总体领导，整合协调了家庭、学校、政府、社区等多方的教育责任，具有十分深远的意义。

第一，构建"三全育人"激励机制是立德树人的基本条件。高校学生承担着促进中华

---

① 王艳平. 高校"三全育人"的特征及其实施路径 [J]. 思想理论教育，2019 (9)：103- 106.

民族伟大复兴的责任和使命。尽管近年来，不少院校都围绕着学生的成长成才问题进行了大量工作，但由于对以教师的"三全育人"理念的必要性认知不够，重专业知识教学、忽视人格塑造的现状依然存在，"三全育人"布局还没有根本建立。

第二，建立"三全育人"德育机制是高等教育政策调整所趋。党的十九大以来，国家提出技能型人才和高素质劳动者的总体要求，"三全育人"机制适应了新形势下高等教育人才培养模式改革的要求，有助于各高校加快转型，提高人才培养质量，为实现中华民族伟大复兴的中国梦和"两个一百年"奋斗目标提供坚实的人才保障和智力支持。

第三，构建"三全育人"德育机制是学生成长成才的时代需要。当代高校生已具有了新的时代特征，高校生获得知识与资讯的主要渠道已由图书、课堂等扩展到了微信、多媒体等新兴媒介，校园已不再是学生获取知识的唯一场地。而社会教育的多样化为学校发展提供了很大影响，部分学生的独立自理能力较弱、主动控制能力不强、体质与心理素质均不高，极易形成思维与心理的问题。

第四，建立"三全育人"德育机制是高校实现转型发展的客观要求。当前，我国高校在实现规模扩张的同时，越来越关注质量提高和内涵建设。育人是高校的核心，德育是一项系统工程，需要动员和整合学校、社会、家庭、学生等各方面的力量，形成德育合力。

"三全育人"是新时代党和国家从培养社会主义建设者和接班人的战略高度出发对高等教育提出的重大命题。作为新时代高等教育发展的创新理念和实践模式，"三全育人"不仅反映了党和国家对教育本质和教育规律的深化认识，也是对"培养什么人、怎样培养人、为谁培养人"这一根本问题的生动解答，体现了高等教育立德树人的内在要求，顺应了人才培养的发展趋势，契合了高校思想政治工作的发展规律。

第三节　"三全育人"的内容阐述

"三全育人"立足新时代，从中国特色社会主义教育是知识体系教育同思想政治教育的结合与综合这一基本认识出发，坚持辩证统一，科学认识把握思想政治工作的定位，把促进学生成长作为学校一切工作的出发点，全面整合思想政治教育、道德法纪教育、心理健康教育、专业知识教育和实践技能教育资源，形成科学的"三全育人"内容体系。

一、思想政治教育

思想政治教育是"三全育人"的首要内容。党的十八大报告中明确提出"实现高等教育内涵式发展"，在学校思想政治理论课教师座谈会上提出"推动思政课建设内涵式发展"，表明内涵式发展已成为新时代教育发展的新要求。内涵式发展强调的是结构优化、质量提高、实力增强，是一种相对的自然发展过程，发展更多是出自内在需求。高校生思想政治教育内涵式发展以新时代中国特色社会主义思想为指导，旗帜鲜明地坚持党管意识形态，探索"凝魂聚气"与"教书育人"相结合的新途径，着力培养一批理想信念坚定、政治素质过硬、理论知识深厚的社会主义事业建设者和接班人。

（一）思想政治教育要坚持立德树人的教育方针

立德树人是我们国家的教育方针，也是教育的根本目的所在，思想政治教育的教育目标、教育内容、教育任务等编制都必须从我国的实际出发，合理地按照我国的政治、经济、社会、文化等情况严格制定。思想政治教育的实施不能脱离现实社会的基本情况，思想政治教育必须正确审视当今社会对人才需求的情况，分析社会人才形势，在保证不偏离立德树人教育方针的前提下，及时地、合理地、有预见性地制定教育方案，并按照要求实施思想政治教育活动，坚决杜绝思想政治教育和现实社会脱节，甚至相悖离。一切从我国实际出发，而"三全育人"模式的建立，正是从思想政治教育实效性不足和新时代德育发展方向出发提出的一种思想政治教育方式。"三全育人"教育模式立足于现实问题，致力于解决现实问题，符合国家立德树人的教育方针，也符合当前我国的国情。因此，坚持立德树人教育方针，是协调控制各种矛盾，形成思想政治教育合力的第一步。

（二）教育要和时代发展文化精神结合

思想政治教育内容主要包括在特定的社会历史背景下，教育者有目的、有规划、有组织地传达给受教育者的富有现代社会文化精神和意义的基础理论原则、意识形态、思想道德等。思想政治教育内容应当不断反映当代的艺术内涵，凸显社会主义时代发展话题，反映时代特点。在新时代思想政治教育过程中，应加强生态文明教育，将其与物质文明、精神文明等置于同等重要的地位，教育引导广高校生牢固树立"绿水青山就是金山银山"的理念，传承弘扬"右玉精神"，助力美丽中国建设。

（三）思想政治教育要与国情特色相结合

思想政治教育是教育者帮助受教育者形成符合一定社会、一定阶级所需要的思想品德的社会实践活动，体现了思想政治教育内容的阶级性和方向性特征。马克思主义，尤其是中国化的马克思主义，不仅是思想政治教育的根本内容，而且是思想政治教育学的根本指导思想和理论基础。在坚持马克思主义在意识形态领域指导地位这一根本制度的同时，围绕"坚持和发展什么样的中国特色社会主义、怎样坚持和发展中国特色社会主义"这个重大时代课题，形成的新时代中国特色社会主义思想是马克思主义中国化的最新成果。深入学习贯彻新时代中国特色社会主义思想，是全党全国的首要政治任务。思想政治教育工作者要坚持用新时代中国特色社会主义思想铸魂育人，推进新时代中国特色社会主义思想进课堂、进教材、进头脑，把新时代中国特色社会主义思想转化为高校学生增强"四个意识"、坚定"四个自信"、做到"两个维护"的实际行动。

（四）思想政治教育要发挥高校地方优势

高校思政课程教材反映出我国对人才的统一需求，受教材的影响，许多教学资源没有纳入其中，没有得到充分发挥。依据国家对于人才培养的总要求，高校应结合地方特色、学校特色，在充分利用思想政治教材这一最重要课程资源的同时，师生共同开发地方课程、校本课程作为必修课或选修课，使地方教育资源得到最充分开发，从教育内容入手增强思政课的亲和力。

（五）思想政治教育要符合当代青年特点

高校学生的思想还未完全成熟，其人生观、价值观、世界观还未完全定型，人格有很强的可塑性，很容易受到社会环境的影响，这些不自觉的影响又和学校教育、家庭教育相冲突，使得思想政治教育的实效性不高，这也是社会影响、家庭教育、学校教育三者没有相互协调的结果。以立德树人为基础的高校"三全育人"模式，倡导挖掘一切思想政治教育力量，拓宽育人渠道，整合学校、家庭、社会三方的思想政治教育资源，助推形成思想政治教育的强大合力，让显性的和隐性的思想政治教育双管齐下，全方位开展高校生思想政治教育工作，让人人成为教师，处处变成课堂，增强思想政治教育的实效性。

二、道德法纪教育

道德法纪教育是"三全育人"的核心内容，是"立德树人"的重中之重，更是新时代形势下教育的一项基本重要任务。做好普通高校学生思想法纪知识的培训工作，是全面深入实施党的教育方向，践行立德树人基本任务和推动全方位依法治国实践的要求，是为整体推动依法治国，全面推进构建社会主义强国，为培养德才兼备的社会主义建设者和接班人奠定坚实的基础。必须坚持厉行法治，推进科学立法、严格执法、公正司法、全面守法，加大全民普法力度，建设社会主义法治文化，构建法律面前人人平等的法治理念。加强高校生的法纪教育是培养和践行社会主义核心价值观的基本保证，要以培养担当民族复兴大任的时代新人为着眼点，强化教育引导、实践养成、制度保障，把社会主义核心价值观融入社会发展的各方面，转化为人们的情感认同和行为习惯。加强高校生的法纪教育是加强高校生思想道德建设中的重要任务，大学生是祖国的未来，民族的希望，加强和改进高校生的思想政治道德建设，提高高校生的思想政治素质，把他们培养成为中国特色的社会主义建设者和接班人，对于实现中国梦具有重大而深远的意义。加强高校生法纪教育是实现社会全面进步和人全面发展的前提条件。教育的根本目的就是实现人的全面发展，高校生法纪教育是人的综合素质不可或缺的构成部分，高校教育不仅要着眼于学生专业技术能力的提升、语言沟通能力的加强、创新创业能力的培养等，而且更要重视学生平时的言谈举止、遵守规章制度和遵纪守法素质的形成，只有实现人的全面发展，才能实现社会的全面进步，精神文明建设也将进入新的高度。

（一）构建四位一体的法纪教育平台

高校学生的发展成才离不开社会、家庭、学校的法律教育，如果家庭、学校或者学生对于法纪教育的重视程度不够，都将会造成高校学生缺乏法纪观念，将会直接造成学生不学法、不懂法、不宣传法的后果。因此，要加强高校生的法纪教育，必须构建"社会—家庭—学校—本人"四位一体的法纪教育平台。社会要高度重视高校生的法纪教育，践行社会主义核心价值观，关爱高校生成长成才全面发展，创建和谐的社会氛围；家庭是法纪教育最基本的环节，家长必须履行监护人法纪教育第一责任人的基本职责，既要重视子女的专业技能，又要注重子女的道德培养及法纪教育；高校是人才培养的摇篮，加强高校生的思想政治教育，真正培养德、智、体、美、劳全面发展的新时代大学生；学生个人要认识到法纪教育使高校生具有法纪观念，形成遵纪守法的思想基础，了解自己的权利与义务，面对问题时将如何保护自己的合法权益。

（二）依法建立健全学校各项规章制度

《高校生守则》是每一所学校根据国家的法律法规制定的用于规范学生行为的规章制度，每名学生都必须遵守，知行合一，做一名合格的大学生。不过，在新时期，高等学校学生都有着非常独特的个性，偶尔会出现"夜不归宿""试卷舞弊"等一系列触犯校纪校规的行为，长此以往极易形成不良习惯，最终学生很难形成自觉遵纪守规的行为习惯。因此，要全面贯彻党的教育方针，立足学生的全面发展，构建全员全过程全方位的育人体系，从学生的日常管理抓起，将这些恶习杜绝在萌芽状态中，培养高校生遵纪守法的法律安全观念，做到校园学生管理"无死角"，时刻督促学生全面成长成才。

（三）拓宽高校生法律教育的渠道

虽然高校都会开设法律基础课程，但是单纯依靠法律基础课是不够的，应拓宽法律教育的渠道，例如定期邀请法律专业的资深专家，进行专业的法律讲座，可以通过与专家互动的方式，将学生的问题转化成知识点的引申与剖析，学生易于理解与应用；利用信息媒介的方式，通过有效的网络平台、信息网站，对违法违纪事件做出深入分析，帮助高校学生查阅，增加法制意识；高校专门负责安全教育的科室可以把学生身边出现的典型事件做成展板或电子显示屏内容，时时刻刻指导他们加强防范，学会运用法律手段保护自己。

（四）建设高校周边良好法制环境

高等学校作为培养人才的教学平台，要与当地政府职能部门齐抓共管，共同打造和谐的校园。打造高等学校周边稳定氛围，仅依靠高等学校自身是不够的，需要公安、税务、工商等部门的通力合作。另外，为满足构建和谐社会的需要，每所高校目前都安排了专门的警察人员，他们的信息在校园内随处可见，学生一旦发生问题，专职警员第一时间赶到。此外，还要在全国高校学生中深入开展信息安全培训，以提高学生上网的责任意识，有效地预防各种不良消息的传播，并大力宣扬良好的互联网文明，使学生能够自觉抵御各种危害消息的入侵，做个"慎独"的好网民。

（五）努力营造身心健康的文化生活

针对社会思潮开展相应的人文素质讲座，使学生能够充分了解各种社会思潮的本质精神和核心价值诉求，不再被其新奇的外表所迷惑。以各种积极健康的经典文化和多样的文化形式充实校园文化生活，满足大学生不断高涨的求知欲。积极培育大学生的人文精神和人文关怀理念。通过多样的集体活动，使大学生充分感受到集体的力量和温暖，形成关爱他人、关心集体的良好氛围。在大学生当中开展传统美德教育，以"己所不欲，勿施于人"的换位思考理念推动大学生构建和谐的人际关系，在提高大学生做事能力的同时，重视大学生做人境界的提升。引导大学生树立合理的消费理念，确立正确的价值观、荣辱观。加大宣传力度，拓展宣传空间，在大学生当中大力倡导理性消费、节俭消费，对存在的不良消费倾向和错误认识给予及时纠正。通过对于先进人物和反面教材的学习，使他们充分认识到人生价值和价值评价的真谛。

三、心理健康教育

心理健康教育是"三全育人"环节中不可或缺的内容。当前高等学校学生身心健康培养遇到的新问题，主要是：大学生心理健康水平逐年降低；各学科之间大学生心理健康水平存在显著差异，文科类大学生较理工科类大学生的心理健康水平要低；人际关系敏感和抑郁、焦虑情绪是大学生面对的较为突出的心理问题；大学生预约心理咨询的频率及危机个案发生的概率呈现上升趋势。社会支持的不足和心理教育方法的欠缺，是造成高等学校学生心理健康状况低下的主要因素。

心理健康教育成为高校思想管理工作的重中之重，是推动高校"三全育人"整体变革实施到位的高效平台。"三全育人"观念作为当前心理健康教育工作现象观察的正确视阈，系统折射出当前中国大学生的心理健康教育工作现状，还面临着德育主体的全员性凸显不够、德育流程的全域性掌控不足、德育方式的系统化整合不够优化等难题。从全员性、全过程、整体角度，着力建设多元合作的组织系统、全域监控的实施系统、全面融入的教育方式体系，既是克服当前大学生心理健康教育工作现有困难的客观需要，又是建立新时期中国大学生心理健康教育工作新管理模式的有益尝试。

（一）高校生心理健康教育是推进"三全育人"综合改革的有效载体

"三全育人"的教育理念兴起于 20 世纪 80 年代。党的十九大胜利召开之后，全体教育者主动地把新时期的中国特色社会主义理念贯彻到教育教学管理过程中，并再次给出了"三全育人"新的时代内涵。各类教育主管部门也纷纷展开"三全育人"综合改革试点各项工作，尝试从宏观、中观、微观不同层次建构统一育人体系。大学生心理健康教育作为教育改革质量提升建设中"心理育人"的具体实施抓手与有效载体。既是推进育心与育德相结合的实践抓手，是全面统筹办学治校各领域、教育教学各环节、人才培养各方面的育人资源和育人力量，也是全面推进"三全育人"综合改革的有益探索。

（二）"三全育人"理念为新时代高校生心理健康教育提供理论指导

"三全育人"理念在改革开放初期开始兴起，直到 21 世纪初成熟完善，切实引领了高校思想政治工作的发展航向、勾勒了高校思想政治工作的蓝图。心理健康教育工作是高校思想政治工作的重要组成部分，"三全育人"对新时代高校生心理健康教育发展同样具有理论导航地位。此外，"三全育人"理念中的全员、全过程、全方位三者之间存在着内在的关联性，全员指向育人的主体构成，全过程指向育人的时空边界，全方位则指向育人的方法路径，三者有机结合、融为一体，形成了一套科学的方法体系，系统回答了"哪些教育主体，运用怎样的育人方法，在何种时空边界里践行立德树人根本任务"这些关键问题。因此，"三全育人"理念作为高校生心理健康教育的方法遵循同样具有理论基础和现实依据。

（三）"三全育人"的全员性增强高校生心理健康教育主体力量

第一，从全员教育的要求统筹考虑，当前的高校生心理健康教育存在部分主体参与不够、发力不足的问题。如家庭教育主体在高校生心理健康教育工作中很多时候处于缺位状态。家庭作为孩子的第一所学校，是铸造孩子良好性格和人格的重要场所，家庭环境的优劣，直接影响孩子的身心健康。家庭教育主体毫无疑问在学生心理健康教育工作中占据着重要地位。然而，一段时期以来，由于应试教育的影响，许多家长只看重孩子的学习成绩，甚至片面地认为只要能满足孩子的生活条件就行了，对孩子的情感、心理状况缺乏关注。在校大学生出现心理问题后，家长不承担监护责任、拒绝沟通、推诿等不履责行为时有发生。其次，从全员育人的组织运行来看，当前的大学生心理健康教育还存在主体耦合不充分、工作推进不平衡的问题。如家庭教育主体和学校教育主体间尚未围绕学生全面发展这一终极目标构建心理健康教育协同机制，一些家长在孩子出现心理问题后认识不到位、干预不及时、配合不积极。多频度、常态化、系统性的多主体联动机制缺失是当前大学生心理健康教育存在的突出问题。

（四）"三全育人"的全域性强化大学生心理健康教育覆盖面

大学生的心理健康是高校思想理论教育的重要部分，是从人的内在角度反映教育特点，并不是人自身的异己性，而恰恰相反，它将人的本性还给了人。所以，高校生心理健康不应当成为一个孤立点，而应当纵成一个"线"，横成一个"面"，立成一个"体"。但是，单就教学线程性而言，当前绝大部分高校的心理健康教育工作时域范围通常界定在新生入学至毕业离校，尚未从全生命周期视角系统谋划学生的心理健康教育工作。对学生入校前的心理发展历程关注不够，中学心理健康档案获取困难，毕业后对一些重点个案的跟踪不够等，都是当前心理健康教育线程全域性缺失的显著体现，尤其当前的大学生心理健康教育更多的时候还是作为一项业务性工作在推进，心理健康教育尚未完全融入思想政治教育全过程，还没有真正纳入学校人才培养体系的"必修课"。

（五）"三全育人"的系统性完善大学生心理健康教育方法

全方位育人作为"三全育人"理念中内涵的重要载体方法要素，包括了理论与实际、线上与线下、课内与课外等几个层面，不同的教育层面在教学执行过程中，都处在不同阶段、都存在不同问题、都遵循着不同逻辑。从全方位场域看待当前的大学学生心理教学工作，人们不难看到，不同的心理教学主体在各个层次的心理教学开展过程中，依然面临着载体方式的融合与系统性兼顾不足的现实问题。而父母则更多的只能从沟通的顺利与否、心情的低落与否等浅层因素来衡量孩子平时的心理健康状况。高校德育系统从全面角度宏观看待高等教育学生健康发展的总体态势相当可观，但从全方位角度认真窥探"五位一体"中的单个载体还是面临许多困难与不足。在德育教学领域，科研成果反哺课堂的不足、教学活动和育人质量不足的现象依然突出。在咨询与预防干预领域，还面临方式手段相对单一、对线下的运用较多、对线上平台探索不力、没有把高校学生喜闻乐见的元素与方式整合并运用到心理教学当中，目前对心理教学全方位育人的探索还不足，并无法适应实际需求的困难。所以，在建立大学学生教育培养体系上，既要在平台、载体等实际层面求创新，也要在课程、学科等基础方面求创新。要以思想政治教育的基础理论为依据，以心理教学实际问题为科研重点，使心理课程和思想政治教育的课程有序相互渗透，有机结合，进一步揭示全面教育的心理活动规律，为深入处理好当前全面教育工作中出现的心理难题，提供有力帮助。

四、专业知识教育

专业知识教育主要是专业理论课程教育，以"三全育人"为主要内涵。立德树人是中国高等教育的基本目标，立德，要重视以品德为先，通过实践社会主义核心价值观引领和鼓舞广大高校生；树人，要坚持以育人为本，通过专业教育的培养与提高来造就我国当代大学生。课堂教学是实施育人的主阵地。专业知识教育通过知识传授与价值引领双轨并行，构建了以专业知识为主体，以提升高校生的家国人文情怀、科学文化素养、科学思维方法为主导的课程教学体系。

（一）加强理论教学工作师资建设

应加强师资能力建设。在教育教学过程中，教师总是扮演非常关键的主导作用，尤其是科学教育课程中，增加教师培训，不但能够提升教师的教学能力，而且对于知识水平的培养以及学术技能的培养具有非常关键的作用。吸纳和培训理论学科教育的师资队伍，并对教师资源加以合理分配，从而建立了相对合理的师资结构等级，以便让教师在提升素养水平的同时，也增强了学生对课程理论知识的吸收与掌握。

（二）积极倡导教学模式创新

以往的课堂教学方式中，教师总是陷入简单的说教型课堂或者板书型课堂的方式中，使得孩子在课堂学习活动中很难提高自己的学习积极性，最后使得他们学习课堂的积极性降低。随着教育科学技术的提高，学校采用了交互式课堂、多媒体和模拟课堂等新兴教学方法，能够提高学生的课堂学习积极性，让他们全身心的投入课堂理论教学，由此也可提高学生理论教育的能力。而且，这些全新的教学方法还能够全面调动教师和学生之间的交流教育能力，在培养他们的认知能力的同时，也能增强他们的交际意识和责任感。

（三）建立科学的综合考核评价体系

改革考核条件与方法。学生们在学习中必然会涉及考试和成绩的问题，在中国传统的教学方式中，成绩是每一位学生综合素养的反映。这些培养模式和对能力的考核方法存在很多缺陷，过分地关注学生表现会使得学生的创造力减弱，综合素养的提高出现困难。为了有效地培养学生的综合素养，可把技能的训练视为能力培养方案中的重要环节，采用较为灵活多样的测试考试评估方法，从概念、仿真、方案、实施等多种方面加以综合考虑，建立一个适合于大多数学生的能力培养方案，以此起到推动学生整体水平提升的效果。要突出思想政治教育重点，将思想政治教育视为学校各项工作的生命线，以科学认识抓好学校思想政治教育的正确定位，构建多元多层、全面科学的思想政治教育考核指标体系，健全教育质量考核与教学成绩评估相结合的推进机制。

五、实践技能教育

学生的专业理论综合素质和实践创新能力提升是育人的基石，努力提升专业的理论教育与实践教育相结合的教学模式是全面提高学生理论和实践能力的体现。实践技能教育通过课程知识与实践的有机结合，逐步实现爱国主义、哲学辩证思想、认识发展观、科学素养、品格意志力、社会规则秩序和安全意识七个育人思想。

（一）改善实践教学工作的建设

建立企业教育基地实践性课程阶段始终是各院校中普遍存在的技术短板，大部分工科学生的实践操作能力都只是停留在实践教学之中，仅有很少的机会走进工厂、车间，对生产现实产品中所用到的机械设备和制造流程中出现的技术问题只是浅层面上的探究与掌握，而无法真正地把理论知识和实践能力充分融合在一起。由企业和院校共同建立的教育基地建设项目，是解决这一问题的最好方法，院校也可把企业实践性课程阶段的教学放到实践教育基地中开展，让学生深入生产车间练习。同时，针对中小企业所面临的技术问题，可利用学校网络平台资源加以解决。这样的人才培养方案不但使得学生的综合实力大大地提高，同时也可对传统高校的人才培养模式以及大企业的内部问题处理、人员招募等提供更为合理的解决渠道。同时，也可为校企之间的技能转移创造更为完美的协作平台。

（二）提高实验室和实验设备的安全使用率

高校的重点实验室和大型实验设备，在基础教学过程中存在很大的缺失和资源浪费，高校应鼓励学生参与科研活动，并对重要大型设备的使用学习，并安排专业教师或设备工程师系统化讲授，提高设备使用率，加强安全管理。在学业完成后进行考试，学生通过考核后就可以在课外学术研究中利用较大型的实验仪器开展实践，这样对学生的实验与实践操作能力将会有较大的提高。针对不同类别的试验室，学校可进行标准化管理体系和安全责任制，研究对试验室中可能存在的安全风险，并对学生试验室时开展安全标准化训练，在试验阶段检测学校的保护情况，对危险性仪器和危险试剂实施统一控制，确保其在实际运行中的安全性。

(三) 积极鼓励科研创新

培养技能实践性课程包括实验与学习两个方面，在实践性课程中，对知识的学与研进行多层次的融合，可以使实践性的知识进行较好的融合，达到工业生产和科研的统一，提高学生的实践技能。在班级的活动中，引导他们积极参与教育科研项目，帮助他们申请各种课题、参加各种比赛，能够极大培养他们的独立创新能力和自主学习意识。借助各种国内的比赛，引导他们在比赛实践中，掌握课堂上的各种技术模拟环境的应用，比如：CAD、Aspen Plus、3DMAX、AlM Studio 等。多种应用软件的教学使用不但能够让他们的课外活动变得丰富多彩，而且还能够提高他们的专业知识储备和提高应用操作技能，对于综合技能培养具有非常关键的意义。另外，学生参与的科研项目中的实践活动能够使其有效地掌握课程上学到的知识点，在理解的同时提高动手技能，进而使其在未来的岗位中可以迅速满足工作岗位的需要。

当今社会，对专业高技术人才的培育始终是国家高等教育政策中非常关键的一环，要培育符合国家经济和社会发展需求的应用型高素质的技术技能专业人才，让学生在学习过程中起主导作用，并更注重对学生的基本技能与作业技术的培训，以增强学生的实践工作能力，让学生能够把从课堂教学与书本上学到的理论知识充分运用于现实工作与生活当中。但高等院校的教学模式和教育方式，在过去的很长时间里仍然面临着很多的问题，课堂知识教学也相对烦琐与复杂，尽管能够让学生对基础知识的掌握有一定程度的提升，但是学生的未来工作实践能力却面临着非常严峻的潜在问题。学生在踏出校门进入大企业的过程中，往往根本无法开展实践作业，极大抑制了学生的发挥空间。目前，随着教学手段与教学方式的变革，已经逐步地有效化解了这种问题，高等院校对学生实际能力的培训也越来越注重。新课程体系把理论知识教学和实践使用紧密结合在一起，这样使教师的主导地位更为明晰，使学生的主体地位更为明显，使学生的基础知识、实际运用能力有机地结合，学生综合素养得以全方位提高。

第四节 "三全育人" 理念践行态势及其整体化提升策略

教育部办公厅《关于开展 "三全育人" 综合改革试点工作的通知》明确要求，推进落实高等学校思想政治管理工作品质提高工程项目，始终把破解高等学校思想政治管理实际工作不平衡、不充分问题当作总体目标导向，从宏观、中观、微观不同层次，着力推进建立统一教育系统，打通"三全育人"的最后一公里，逐步建立全员、全过程、全方位教育系统，切实增强政治思想教育的亲和力和有效性，让全国高等学校的思想政治教育工作更好地顺应社会和符合学校的发展需要、时代发展的需要和社会进步的需要。文件中指出的问题需要引起人们的深入思索，事关立德树人社会主义高等教育根本任务如何得以高效实施的重要问题。同时需要以新时代中国特色社会主义思想为指导，全面贯彻并落实高等学校思想政治教育工作大会精神，坚持问题导向，全方位建设内涵齐全、制度完善、工作合理、保证有力、效果显著的高等学校思想政治工作制度，将努力克服高等学校内思想政治工作发展不均衡、管理不完善的现象，以总体化促进高等学校充分整合社会各主要方面的思想资源，凝心聚力畅通"三全教育"的最后一公里。

一、"三全育人"特征与内在机理

(一) 科学内涵

虽然业界对"三全育人"的定义的认知没有形成共识。而"全员育人"的定义指向却非常一致，即高校所有的教师和员工都有着义不容辞的育人职责。但是，很多学者却对"全程育人"和"全方位育人"的理解有一定偏颇。他们将"全程育人"的定义局限于"育人时间"，"全方位育人"的理解局限在"育人空间"，这种认知窄化了"全程育人"和"全方位育人"的实际含义。事实上，"全程育人"是既涵盖时间育人，也涵盖空间育人，这两个维度缺一不可，在实际的教育育人过程中，受育对象在时间和空间上与受育的过程是并列的。育人不止局限于校内，应该整体化把控校内外、课内外、线上线下各种渠道，积极构建育人质量提升体系，使教育资源协同联动。"全方位育人"是指对学生的道德修养、科学素养及理性心智和健康体魄等发展维度的全方位教育培养。"三全育人"是一项系统工程，具有整体性、全面性和接续性特征。

1. 整体性

"三全育人"的教育前提是要明确育人的对象、育人的标准和要实现怎样的育人效果，这是"三全育人"自始至终研究的课题。要想做好高校思想政治管理工作，"三全育人"的建设是最优方案。全面地建构"三全育人"思政的大局面必须要求全校师生共同去努力参与这项工作。"三全育人"原则是根据培育发展合格创造者和继承人的要求制定的，从教育素质提升机制全面化建设着眼，将所有人才充分调动出来，所有教育资源融合起来，所有空间结合出来，增强和改善教育思想整治工作，构成我们这个创新时期高校内思想政治工作进行的新格局。"三全育人"观念也随之拓展出很多的教育场域以及育人的新渠道，全面深入地寻找一切能够利用的育人人才，从传统的"散点式"教育转变为系统全面化教育，把"教书育人"工作放在学校所有事务首位，这样才能形成很强的"三全育人"的系统。

2. 全面性

中华人民共和国成立后至今，我们的教育方针尽管几经调整，一直注重于让学生从德智体美劳等每个方面都要得到全面提升。而全面成长不仅是学生自身的基本要求，也是高等教育培育人才的最高追求目标。筑梦中华民族辉煌，就是要培育有思维、有知识、有文化精神、有纪律精神的"四有"高校生，唯有德智体美劳全面发展才能承担民族的大任。"三全育人"以学生的全面成长为宗旨，把专业知识传授、技能训练和理想信念、发展价值观念密切结合起来，实现了专业培训和思政教育的融会贯通，从而推动了学生的全面成长。

3. 接续性

教育工作是一个长期性系统工程，贯穿于人的学习与发展整个过程，为此，"三全育人"要接续高中阶段学生成长成才的态势，遵循不同阶段的身心发展规律，选取不同的育人内容、育人方法、育人模式和育人路径，并根据学生的个性化特点加以分类指导、因材施教，切实提高"三全育人"的针对性和时效性。必须破除"三全育人"在高校内的短视育人观，将"三全育人"的时空延伸到人的发展的每一个阶段，根据人的三观形成具有长期性和反复性的特点，在不同时期以不同内容接续不断地实施教育培养。

（二）内在机理

1. 造就德、智、体、美、劳全面发展的世纪新人

素质教育是对思想方法与思维能力的培养，主旨就是让受教育者的思想进一步走向完善、合理，从而具有高思维的思想能力。"以人为本"已是当代世界各国教育的共同思想，由于受意识形态的影响，教学也是一项有目的培养人的活动，其主要课题就是向谁培养人、培养什么人。全国教育大会指出我国是由中国共产党领导的社会主义国家，很显然这就确定了我国的教育是要培养社会主义建设者和接班人，这是我国当代教育工作肩负的任务，也是教育工作现代化的发展方向和目标。这一会议精神充分体现了社会主义教育自身的价值和诉求，以及其本质中带有的要求，为"为谁培养人、培养什么样人"奠定了根本基础。"三全育人"的主旨是以社会主义核心价值观为引领，带领学生听党的话，跟着党的方向走、厚植爱国情怀；用学科的方法去认识这个世界、把握这个世界，服务我们的国家、奉献我们的社会、造福全国人民，成为德、智、体、美、劳全面发展的堪当民族复兴

大任的时代新人。

2. 遵循学生成长成才规律

人才培养规律是育人与育才相互统一的活动，也是人才的发展辩证法。"三全育人"就应当顺应学生的成长成才规律，而不是故意标新立异，违反教育的发展基本规律。但是，需要说明的是顺应教学育才基本规律并非是墨守成规，而是进一步探求新时期人才成长成才的科学规律，以崭新的教育思想全面建设适应当代学生自身发展规律的教育方法和育人环境，让他们能快乐、自主、平等地进行自主成长，多样化、全方位发展。教师作为教学育人的重要实践者，必须以德立身、以德立学、以德施教，有政治理想、有道德情操、有深厚知识基础、有仁爱之心，努力提高政治、学科、技术和个性领域相关方面的综合能力，不但要教好书，而且还要育好人。既要抓住当代学生的群体特点，探索他们成长发展中的共性规律，要深入研究不同学生的个性化学习、生存与发展实际情况，为每一个学生定制成长发展计划，以最适宜的教学手段方式使他们互相认同与吸收，让教育的效果达到最佳。

3. 形成整体化育人合力

"全员育人"需要全体教员积极参与育才管理工作，且敬业负责地种好自己的"责任田"。就教育工作市场主体，要由"特定性"向"全员性"转化。无论是干部、教职工，还是管理者都有育才之责，教学育人、管理育人与业务育人应当协调互动、同向共行。"全过程育人"需要在整体育人工作时间内无遗漏，实现育人无所不在。就育人工作流程来说，要由"散点性"向"全局性"转化，着力推进建立校园、社区、家庭、学生"四位一体"育人工作系统，使多元化育人场所高效连接、无缝互动，将育才管理工作贯通求学、生活、成才的各个空间。"全方位育人"要求德、智、体、美、劳五育并举，不可偏废。就育人方向而言，要由"知识型"向"素质型"转变。彻底改变"重智育、轻德育，重专业、轻人文"的教育取向，既要用"八个相统一"统领思想政治理论课教学，还要让课程思政与思政课程同向同行，培养德智体美劳全面发展的社会主义建设者和接班人。

二、"三全育人"践行现存问题及成因

"三全育人"是立德树人根本任务的有效方式和路径，已得到教育界乃至全社会的认可，但"三全育人"的核心价值目标的完成还有很长一段路要走，因此，需要反思当前存在的问题，厘清问题的思路并改进策略，才能促进"三全育人"取得有效成果。

（一）缺乏激励有效的协同育人机制

在教育实践中，一些教师往往因为主体意识的欠缺、而未能真正地全身心投入教育事

业，对待工作不尽心的情况大有人在，从而造成"全人教育"和"全面教育"中"空缺""空位"或"弱位"的现状。全员育人看起来热情高涨，但实际上却不尽然。教书育人是要讲究办法的，再好的教学工作内容要是施之失当非但无法形成期望的教育效果，或许还会因之而形成负面影响。各自为战的全员育人很可能会面临"越位""抢位"乃至"霸位"的问题。形成这些问题的根源就是缺少激励机制和协同育人机制，这成为制约"三全育人"效果的主要问题。

（二）缺乏持之以恒的施育把控能力

部分教职工既不了解什么才是当代学生需要的最有效信息获得途径，也不明白信息投入和认知并非相关，只懂得单纯地灌输大道理、变通地开展教学活动，又或者觉得过去的学校或别人的教学方式比较好就硬生生地拿来就用。对这种教学方式观念陈旧、形式复杂内容的反复灌输，学生已经充耳无闻或心有疲惫，非但教育成效没有提高，而且对原来已获得的教育成果也很有影响。教师的教学观念陈旧、认识水平单一，缺少认识创新与意识开拓，对信息灌输和评价导向的知行结合原则的理解也不够。原因就是教师对蕴藏于教学中的教育要素挖掘得不够全面，或延伸性不高，或多而杂耦合性不高，加之政府缺少施育管控意识与施育手段，从而没有做到对教育要素产生整合的作用，即使是再努力也很难达到理想的教育目标。就育人群体而言，仍然存在"令"出多门的现象。施加的教育与学生的个性化成长需求不匹配，削弱了"三全育人"的系统性和规律性，在很大程度上制约着"三全育人"的实效。

（三）缺乏科学有效的成果评价标准

"三全育人"缺少激励效果强的科研考核指标，主要体现在如下三个方面。一是看上去清新高雅，但其实标新立异。对教育内容、方式、方法、载体等随意"创新"，完全脱离了学生的思维实践与生活实践，且教学积极性低下，多数学生不管是不是自愿参加都只是坐远而观之，并无真正的教育价值。二是貌似老瓶新酒，实则循常习故。受急功近利意识的影响，为了快出成果不惜翻箱倒柜找来一些过去已经采用过的育人形式或方式，在形式上稍加改变便重新使用，在主旨内容和育人方法上根本没有任何实质性新意，学生接受教育的期望与渴求并没有得到满足。三是看似丝丝入扣，实则隔靴搔痒。这种现象真假难辨，原因在于教育元素较为丰富、实践内容由点及面，专业课教学融合着思政元素，看起来效果很好，其实学生的心态很逆反。为什么会出现这种情况，原因是缺少科学的成果评价标准，造成了三全育人内容的形式化、虚拟化，而真正的"三全育人"活动方案却得不到合理的指导与提倡。

三、提升"三全育人"成效策略

（一）构建激励有效的协同育人机制

要想让"全员育人"真正产生出巨大的教育动力，需要建立起激励高效的协同教育体系。严格做好定期督促检查，做到高效必奖、失职必罚，营造出人人全身心投入"全程育人"和"全方位育人"的浓烈氛围。在学校党委统一领导下，充分发挥党政工团组织、思想政治教育工作者、基层党务工作者的比较优势，创造性开展"三全育人"工作。凸显党政工团组织及思想政治教育工作者、基层党务工作者在"三全育人"工作中的主导性，最大限度地发挥其他各岗位人员的积极性，结合各自岗位职责与专职思想政治教育工作者协调一致、同向同行，更要发挥好党员、特别是党员干部及党员学术学科带头人在"三全育人"工作中的示范引领作用，做到时时、处处、事事学有榜样、赶有先进。同时，引导每一位教职员工"守好一段渠、种好责任田"，不争、不抢位、不越位，坚守本位、善于补位、绝不霸位，通力协作、协同有序，使"全员育人"真正释放出"众人拾柴火焰高"的育人合力。

（二）提升施育能力、素质

全国师范院校教师代表座谈会认为，学生往往可原谅老师严厉刻板，但不能原谅老师学识浅薄。以此勉励广大教师要兼收并蓄、厚积薄发。教师要胜任"三全育人"工作，必须兼收并蓄厚积"三全育人"能力基础，并通过整体化建构上升为"三全育人"的能力素质。教师要重点重修教育学、心理学，补齐"三全育人"短板。高校教师群体中多数是非师范类高校毕业，没有系统学习过教育学和心理学。育人需要心灵相通，只有懂得教育学和心理学才能深刻了解学生的心理，才能创设具有较强亲和力和感染力的育人情景，才能运用科学的方法给予学生量身定做的个性化教育。在"三全育人"过程中，教师要不断加强教育学和心理学修养，了解学生的需求，使所施加的教育与学生的个性化成长需求相匹配，提高学生的认同感和接受度，成为学生的优秀教育者、生活导师和道德引路人。

（三）构建多动力差别化评价管理体系

科学评价和差别化评价是"三全育人"顺利进行的重要手段。"三全育人"的最终成果评价不能与形式化的东西掺杂，而要以"十大"育人质量为理论基础，以能不能推进学生的全面发展作为评价的指向，以不同学科、不同岗位、不同环节的育人工作的最终成效作为标准，切实加强"三全育人"在管理上的制度趋向整体化设计，完善评价标准体系的建设工作，促进"三全育人"的工作不断地具有制度化和科学化，最终向规范化的方向发展。确实强调育人主体评价的体系建设的重要性，关注育人主体的积极实效性，科学严谨的构建教书育人、管理育人和服务育人评价体系，提高评价的针对性和时效性。健全按照学科、职业差异化的分级评估制度，按类别、按职业、按时间差异性设定总量、增长和提升度等指标权重，进一步增强评估的可信度和有效性。积极推动人事管理深化改革，建立与奖惩评价相结合的机制，建立"三全育人"专项工作考核档案系统，将其作为个人业绩工资、岗位聘用和职务聘任中的关键考核因素，采取多动力差别化考评方式推动全员教育、全面育人工作落到实处。完善学生发展阶段的评估制度体系。以学生的成长发展全过程为线，以他们的思想道德素质、创新创业意识以及社会实践技能的发展进步为关键，关注他们的归属感与获得性，采用阶段评价和结果评估相互结合、定性评估与量化考核有机结合的方法，建立学生发展阶段评估规范制度。正确识别不同学科、不同年龄段学生的发展特征，进行针对性的考核，树立典型、引导进步，合理实现考核对学生发展的引导与促进作用。

（四）打通"三全育人"的最后一公里

教育部党组印发的《高校思想政治工作质量提升工程实施纲要》全面规划了"三全育人"的目标、原则与内容，系统提出了"三全育人"的方法、举措与路径，明确要求要切实构建课程、科研、实践、文化、网络、心理、管理、服务、资助、组织"十大"育人质量提升体系，为"三全育人"的工作指明了方向。课程、科研、实践、文化、网络、心理、管理、服务、资助、组织是高校整体育人工作的不同方面，互为依托密不可分，具有紧密的内在逻辑联系。为此，"十大"育人质量提升体系是一个有机整体，从"全程育人"的诉求出发，"十大"育人质量提升体系构成的是一个"环"，从"全方位育人"的诉求出发，"十大"育人质量提升体系构成的是一个"域"。而且，无论是在"环"上还是在"域"上，"十大"育人质量提升体系都必须协同联动，才能洞明"三全育人"的盲点，贯通"三全育人"的断点。通过"十大"育人质量提升体系的协同联动，系统破解高校思想政治工作不平衡、不充分问题，从而彻底打通"三全育人"的最后一公里，协同施育、精准发力，使学生所受教育能够全悟觉、全内化、全践行，进而全面促进"三全育人"质量有效提升。

"三全育人"工作是一项极其复杂的系统工程，具有整体性、全面性、长期性和反复性特点，在新的历史方位下，要不断提高作为社会主义高校的政治站位，立足于对"三全育人"工作的科学定位，运用系统论和方法论的思想，以人才培养质量为导向，系统整合各维度的育人资源和育人要素，科学构建人才培养体系，不断创新育人实践模式，从生硬的显性教育转变为隐性育人的浸润，一以贯之地坚持不懈、持之以恒，才能通过"全员、全程、全方位"育人+"全身心、全协同、全匹配"育人，实现"全悟觉、全内化、全践行"的育人效果。

第三章 "三全育人"创新管理研究

人类社会的存在与演变，离不开管理。管理工作发生在人类社会的各个领域、各个部门，大到企业，小到家庭，凡有人群的地方，都离不开管理。高校"三全育人"是一个复杂的系统工程，这一工程一刻也离不开管理。高校"三全育人"实施的过程，就是对高校"三全育人"管理的过程。离开高校"三全育人"的管理，不但无法协调高校"三全育人"的方方面面，处理好各种矛盾，影响高校"三全育人"的效果和目标的实现，而且有可能使高校"三全育人"陷入困境。因此，高校"三全育人"的管理是十分重要的。

第一节 "三全育人"管理的价值

一、高校"三全育人"管理的地位

高等学校在"三全育人"管理的地位主要取决于自身价值和作用，并集中反映在高校"三全育人"管理工作的重要意义中。

（一）高校"三全育人"工作的载体和指挥中心

高校"三全育人"在高校的教育中居于主导地位，高校"三全育人"管理作为高校"三全育人"工作的组成部分，其地位依附于高校"三全育人"的地位。另外，人们也应该从高校"三全育人"工作自身的角度，看高校"三全育人"工作的重要性。在高等学校的"三全育人"方面，思想政治教育管理是整体思想政治教育工作的主要内容，它把零散的思想政策教学因素在空间结构上按特定规律结合开来，在具体工作时间上按特定流程指示使其运转，并在运行中采取有效限制，进而体现高校"三全育人"宗旨。学校"三全育人"教学发展方向、"三全育人"教育功能、"三全育人"教学效果、思想政治教育质量等无不靠高校"三全育人"管理工作来保障，离开了高校"三全育人"管理工作，高校"三全育人"的运行也就缺少了主体、缺乏监管，而成为一盘散沙。就目前的高等学校"三全育人"工作实际看，人们对高校"三全育人"内容、途径、方法研究得比较多，而对高校"三全育人"管理研究得比较少，高校"三全育人"的工作效率不高、质量不高、力度不够等许多问题的出现，几乎都源于高校"三全育人"的管理跟不上。所以，高等学校"三全育人"管理在整个高校"三全育人"过程中的作用将更加明显。

（二）高校管理的重要组成部分

高等教育管理涉及多种内容，思想政治教育管理工作是主要内容之一，它是一种涉及面很广、内容复杂、策略性、基本原则性都很强的教育管理工作。它既包括各级管理者，又包括各级社会服务管理人员；有政治方向、思想问题，也有社会经济政策、人民生活待遇问题等。所以，思想政治教育管理工作是中国高等教育管理中较为复杂、牵动全局的重要工作，直接关系着中国高等教育各系统根本任务的完成。所以认真做好高等教育"三全育人"工作，是高等学校教育贯彻党的路线、方针、策略的重要前提，是学校贯彻社会主义方针的关键举措。

二、高校"三全育人"管理的价值

（一）有助于正确把握高校"三全育人"的方向

"三全育人"思想教育政策既有预测、决定、规划、管理等功能，同时有检查监测、目标管理等方式，这种功能与方式对掌握国家思想政治教育走向有着非常好的意义。作为思想政治教育管理的最高层面，党和国家必须通过出台条例、提出政策建议，来确定思想政治教育走向方向和大政方针；学校通过思想政治教学管理工作将其落实在具体的思想政治教学实践中。从组织领导的视角来看，学校"三全育人"管理对于保证思想政治教育方向具有最直接、最有效的作用。我们不仅要看到，更要重视并善于发挥高校"三全育人"管理工作对思想政治教学走向的调节与保障功能。

（二）有助于完善高校"三全育人"的功能

"三全育人"教育具有灌输、矫正、激励、引导、关怀、服务、保证等功能。这些功能的发挥，必须靠理论来指导，靠制度来规范，靠组织来协调，靠监督来制约。这些管理职能如果被忽视，难免会出现重灌输轻引导，重矫正轻关怀，重激励轻服务等倾向。通过强化管理，不仅使广大教师明确思想政治教育的功能，而且不断完善思想政治教育功能，全面、充分地发挥思想政治教育多样性作用。

（三）有助于增强高校 "三全育人" 的活力

学校 "三全育人" 管理经过制定相应的政策、规章制度，对全体教师加以指导，并利用教学、关心和尊敬充分调动他们从事思想政治教育工作的积极性和创造力，激励教师搞好思想政治教育工作的责任心和自主创新精神，从而增强高校 "三全育人" 的内部活力。如对高校 "三全育人" 工作者在政治待遇、生活待遇、职业待遇等方面实行鼓励政策，都可以激励高校 "三全育人" 工作者关注高校生思想政治工作，热情投入其中，在相应的岗位上，心情舒畅、精神饱满地从事思想政治教育工作，从而为思想政治教育提供活力。

（四）有助于发挥高校 "三全育人" 的整体优势

学校 "三全育人" 活动的领导、协调、指导的作用，将校内外的各种能调节的思想政治文化要素有效、合理地组织起来，按照共同的要求与策略相互配合地发挥作用，其功能可能超过所有的作用之和。目前，按照学校所提倡的全员教育、全面育人、全过程教育、环境育人等的思想政治教育教学思路与格局，就是靠思想政治教学管理来完成的，尤其是当思想政治的教学环境、思想政治教学对象等出现了某些变动之时，学校对思想政治教学全局性的调控只能靠管理干部来领导，形成了统一意志、统一行动，使思想政治教学的整体优势得以有效发挥。

（五）有助于提高高校 "三全育人" 的质量

高等学校 "三全育人" 管理工作的主要目的在于进一步提高思想政治教育工作质量和落实教书育人工作目标。经过构建内容质量保证体系、完备思想政治教育工作系统和健康内容约束管理机制，高等学校 "三全育人" 管理工作能够紧紧围绕内容工作目标和内容标准，采取一整套保障和提升内容质量的管理措施，并经过科学技术、有效合理地充分发挥内容各基本要素的功能，达成期望目的。实际效果也是如此，是否强化高等学校 "三全育人" 管理工作，对高等学校 "三全育人" 的工作品质也的确产生着不同结果。在同样的环境、人员、工作等条件下，加强高校 "三全育人" 管理，高校 "三全育人" 的质量就有保障；反之，高校 "三全育人" 质量就失去了控制。

第二节 "三全育人"管理的目标和机制

一、高校"三全育人"管理的目标

高校"三全育人"管理是合规律性与合目的性的统一。在学校"三全育人"的过程中，应当制定合理的目标，并确定管理工作的目标，确保整个教育教学活动沿着合理的方向开展。高等学校的"三全育人"管理目标，是指在高校"三全育人"管理过程中，通过采取积极有效的措施管理所要取得的期望成绩。其内涵大致分为如下两部分。

(一) 高校"三全育人"管理的科学化

学校"三全育人"管理工作活动的最基本的目标是做到学校管理工作的全面科学性。这样管理的科学性是标准化管理工作、规章制度管理工作与社会民主化管理工作的有机系统，是决策科学性与过程科学性的总和。在这里，决策科学性与过程的科学性都贯穿在管理规范化、管理制度化与管理民主化之间。

1. 管理规范化

学校"三全育人"的规范化是指从开始不太规范化的管理向规范化管理模式转变的过程，任务是实现管理人员的规范。规范化管理工作具备规则明晰、原则性高、操作性好、制度完善、机构协调、运转顺畅的主要特点。公正性监督管理，是高等学校"三全育人"监督管理活动科学性的一项标志。它要求高校"三全育人"工作者必须遵循实事求是的原则，遵循高校生思想政治素质形成、发展的基本规律和高校"三全育人"过程的基本规律，在监督管理活动遵循科学合理的程序和方法，严谨按规章做事，不掺杂私人情感，使高校"三全育人"工作得以和谐、规范、顺畅地开展。

2. 管理制度化

管理制度化也是高校"三全育人"管理科学化的一个重要内容。高等学校的"三全育人"管理要具有可操作性，就必须使思想政治理论课教学管理和高校生日常思想政治工作以及高等学校"三全育人"队伍建设等方面实现制度化。实现高等学校"三全育人"管理的制度化，一方面要引导高等学校"三全育人"工作者形成正确的管理制度观，强化管理制度意识，建立管理制度的权威性，既要积极主动地促进管理制度的建立与健全，也要认真自觉地执行管理制度，并严格执行有关规定；另一方面也要做好学校规章制度建设工作，以中央文件和上级教育主管部门有关文件精神为指引，严格按照我国的规定，紧密结合高等学校的实际状况，建立好学校思想政治理论课建设、高校学生的日常思想政治工作和高等学校"三全育人"团队建设的规矩和纪律。

3. 管理民主化

管理制度的民主化，是学校"三全育人"与管理科学化的主要表现。高校的"三全育人"活动唯有发扬民主风格，贯彻民主集中制方式，使民主集中制方针自始至终贯彻到工作过程中，渗透到每一条管理工作环节，才能保证高校"三全育人"目标的实现。高校"三全育人"管理工作的民主化，要求领导者能够充分发挥高校"三全育人"团队成员和学院学生代表在学校民主管理工作中的积极作用，并善于调动高校"三全育人"队伍成员和高校学生在民主管理中的积极性，善于听取、吸收、采纳高校"三全育人"工作者、学生和学校其他管理部门的意见和建议。

（二）高校"三全育人"管理的有效性

高等学校"三全育人"管理科学化的另一基本目标是使管理活动具有有效性。高校"三全育人"管理，形成以下三种结果：一是管理活动产生正面的效应，从而产生正面效果，即管理产生实效性；二是管理活动流于形式、走过场，从而不能形成正面的效应，这样的管理活动产生了无用性；三是如果管理活动所产生的结果都是消极、负面的影响，则这样的管理就存在着危害性。如果产生的是第一结果，是管理的胜利，便是最有效的管理；而如果产生的是二、三类结果，则是管理的失败。所以学校"三全育人"管理追求的是第一结果，要尽量避免的则是二、三类结果。

学校对"三全育人"管理有效性的主要判断标准：一是通过管理活动看是否促进了高校"三全育人"活动的有效进行；二是通过管理活动看是否推动了高等学校学生思想政治素质的建立与发展，能否进一步推动了高等学校学生各方面的全面发展与学业的正常完成；三是通过管理活动看是否推动了高校"三全育人"队伍的建立；四是通过管理活动看是否推动了高校的教育、科研工作与其他管理工作的协同发展。

二、高校"三全育人"管理的机制

（一）高校"三全育人"管理机制的内涵和特点

机制一词原为机械工程学中的观念，意指机器的内在结构、工作流程中各个零件间的彼此联系关系和工作方式，但现在它已经应用到各个领域当中。而机制又大致包含了三方面的内涵：一是构成形式。作为一种系统，机制是由一些基本要素依照某种形式所组合而成的。二是功能形式。构成机制的各种因素，总是依照特定的形式相互作用。三是指形成过程。依照一定形式相互结合在一起的各种因素，经由相互作用而导致教育系统整体的形成、运作，从而形成了一定的效果。所谓高校"三全育人"管理机制，是指在学校思想政治教育活动中各因素的形成形式、运作模式，及其由此形成的学校思想政治教育管理过程中整体的运作模式与效果。

高等学校的"三全育人"管理是思想政治教育管理的重要组成部分，高校"三全育人"激励机制同思想政治教育激励机制相比，具备规律性、目标性、复杂化、系统整合性和弱结构化等五大特征。

1. 规律性

高等教育"三全育人"不以学校管理者和教育者个人的主观愿望为转移，因为它有其诞生和赖以存在的客观前提条件，也有着客观必然性的存在。另外，高校"三全育人"课程的组织设计、课程的开设也需要顺应人的思想行为演变规则。因此，对高校"三全育人"的管理，必须以尊重高校"三全育人"活动的客观性和发展规律为前提。作为高校"三全育人"管理诸要素组合方式、作用方式和系统生成方式的管理机制，是对高校"三全育人"管理活动的客观反映，必然呈现出许多规律性的内容，使其具有规律性的特点。

2. 目标性

高等学校"三全育人"管理机制有着明显的目标性，是指它既制定了自己的工作方式，也确立了管理要实现的效果。高校"三全育人"管理机构的总体目标，主要包含以下两方面内涵。高等学校"三全育人"管理的直接目标要求高校"三全育人"管理工作中要做到科学管理。这主要表现为管理标准化、管理规范化与管理民主化的统一。高校"三全育人"的最终目标是发挥高校"三全育人"管理的社会效用。在新制度下，高校"三全育人"制度应该可以让高校学生认识自己在整个教学体系和教育体制建设中的基础作用，激发其主观能力，调动其创新潜力，促进学生个性的全面成长；积极有效地推动我国特色社会主义各项事业的全面发展，以实现经济发展、社会主义民主政治建设与高校教育科学发展工作的和谐发展。

3. 复杂性

高等学校"三全育人"的管理机制是一套错综复杂的系统。首先，其工作对象是高校学生，高校学生思维的多样化和复杂化的特征直接导致了思想政治工作管理的复杂化。其次，人的观念的产生和转化是一项漫长繁杂的过程，而且人的思想带有重复性，新思想的产生，旧思想的突破，都是在不断重复中进行的。这些增加了高等学校"三全育人"思想管理工作的难度。最后，社会责任感也有着相对独特性，在其赖以建立的整个社会关系完全消亡之后，还会存留很长时间。此外，国际的敌对势力也会伺机对高等学校学生的思想加以侵蚀和破坏。所有的这些因素都确定了学校当前意识形态领域战斗的长期性和复杂化，也确定了当前学校"三全育人"工作的重复性。

高校"三全育人"管理机制的复杂性主要表现在以下两个方面：

（1）学校"三全育人"机制的重要组成要素，具有高度综合性。学校"三全育人"机制涉及教育基础、治理模式以及机制运作的方式、条件、流程、动力、保障等一系列基本要素，各个因素组成一个复杂的体系。

（2）研究高校"三全育人"机制的可变性与可换性。形成高等学校"三全育人"机制的基本要素具备多变性，例如内容、机制的革新，保障制度的调整完善等，一成不变的基本要素根本无法满足现代管理的要求。另外，高校"三全育人"机制还存在一定风险，缺乏稳定的、一成不变的工作模式。

4. 系统整合性

管理可分成两种情况：一种成功管理，即管理行为出现了正面的效应，产生了积极作用；另一种为失败管理，管理行为流于形态、走过场，不能充分发挥其作用而产生的负面影响。所以，要确保教育过程保持有序运行，需要对管理工作实施整体的统筹调整。就学校"三全育人"机制而言，其所具备的全面统筹、整体的特点，也反映出了它的整合型特点，具体表现在两个方面：

（1）对组织体系实现总体的统筹调整，包括调节各部门的具体活动，使其到达最优化程度；调节体系内各部分之间的自我控制关系，避免某一项或某多个部门活动失控而造成整个体系的失调；改变各部分间的组合形式、运作模式，使其彼此联系、互补，产生共同的着力点。组织体系内的综合调整，是经过对系统各因素的调节，使总体得到最优化，产生总体大于部分之和的整体效果。

（2）协调系统与外界环境间的相互作用，使其与外界环境间的物质量变化达到良性循环状态。学校"三全育人"工作的成效不但取决于其本身，也受到外部环境的制约。

5. 弱结构性

结构是指经济系统中各部分的组合方法、整合方案。所说的弱结构性是因为经济系统的各部分之间关系复杂、变动较大，影响因素多，定性因素多，定量分析因素少，因此容易产生经济系统的总体状态、特征、行为与功能等出现差别与变动，以致使人无法掌握。而由于弱结构性产生的问题往往是很多机制中都存在的问题。因此，市场经济机制的正常运作也往往受管理主体、国际国内经济政治环境条件、社会经济发展成分、科技水平乃至自然环境等多种因素的影响与约束，并由此导致结构的复杂变动，因此必须对机制做出不断的调整。具体到学校"三全育人"的管理问题上，在学校管理工作中必须贯彻原则性与灵活性的有机结合、系统性与针对性的有机结合、定性分析与定量分析的有机地结合的管理原则。

正确认识高校"三全育人"管理机制的弱结构性，有助于在管理中针对其特点采取灵活的管理方式，防止僵化管理；有助于增强管理者的系统观念，防止仅关注或注重某个要素或某个环节的建设而忽视管理机制整体、缺少大局观念现象的发生；还有助于增强管理过程中的预见性，依据个别部分的变化来判断整个机制的结构性变化，及时调整管理行为，使思想政治工作管理沿着健康的方向运行。

（二）高校"三全育人"管理机制的内容

学校的"三全育人"机制也与学校思想政治教育机制有关。因此，主要涉及导向机制、协调机制、激励机制与约束机制等四方面的内容。

1. 导向机制

高校"三全育人"管理的导向机制的构建直接关系到能否坚持高校"三全育人"管理的价值取向，对于动员高校"三全育人"管理各要素为实现高校"三全育人"管理目标服务具有关键性作用，在高校"三全育人"管理机制框架的形成中，处于重要基础与首要地位。高等学校"三全育人"管理导向机制是指高校"三全育人"管理组织所具有的引导高校"三全育人"管理对象朝着实现高校"三全育人"管理工作任务的目标而起到积极影响的管理机制。

（1）中国高校的"三全育人"管理导向制度由下列六个方面所组成：

①目标导向。即学校"三全育人"管理主体通过向全体人员提出明确的高校"三全育人"目标、高校"三全育人"组织系统目标、高校"三全育人"管理总体目标，带动大家为完成上述总体目标共同努力工作。

②政策导向。高校"三全育人"管理政策导向就是高校"三全育人"管理主体通过制定各项政策向有关人员表明重视高校"三全育人"、加强和改进高校"三全育人"工作的态度以及措施，以此引导大家为做好高校"三全育人"工作而努力。这些政策可分为三类：第一类是针对高校"三全育人"的工作目标所做出的政策导向性规定；第二类是对社会有关领域提出的引领性要求；第三类则是对个人提出的领导能力性要求。

③舆论导向。又称舆论引导，是指运用舆论的力量引导人们的高校思想意识和行为，进而达到管理者的目的。高校"三全育人"管理舆论导向是加强和改进高校"三全育人"工作的重要力量。注重发挥舆论导向作用是抓好高校"三全育人"工作的基本经验。作为高校"三全育人"管理导向体系的重要组成部分，高校"三全育人"管理舆论导向要求

高校"三全育人"管理主体运用各种舆论工具，宣传党的高校"三全育人"方针政策、宣传高校"三全育人"领域的先进典型事迹，以引导和鼓励人们重视和做好高校"三全育人"工作。

④行为导向。高等学校的"三全育人"管理工作行为导向激励机制正是通过各种管理人员，尤其是高层领导人高校"三全育人"管理工作和高校"三全育人"实践中的身体力行，引导人们重视高校"三全育人"和积极做好高校"三全育人"工作。学校"三全育人"管理工作的行为导向要求是高校"三全育人"工作的统领，不但要动员广大职工重视和加强高校"三全育人"工作，自身也要以模范行为投身高校"三全育人"工作；不但要积极组织制订加强和改进高校"三全育人"工作的文件精神，而且深入实际牵头监督和执行文件精神，强化对高校"三全育人"实践活动的思想引导。

⑤用人导向。学校的"三全育人"管理工作用人导向是一个高校"三全育人"管理工作指导体制中最有效力的引导方式，对高校"三全育人"工作者应予以适当培养，以何种规格选拔，这是对高校"三全育人"的实施具有根本性影响的问题。在干部选拔任用工作中，要杜绝凭关系用干部，凭"票数"用干部，凭资历用干部。与此同时，要求我们必须坚持以高等学校"三全育人"绩效为基本目标，切实实现开放、民主、竞赛、择优的人才取向，要坚守规范、民主、正义用干部，从人才引导上保证高校"三全育人"工作的高效实施。

⑥评价导向。高等院校"三全育人"管理评估导向是高等院校"三全育人"管理主体依据特定的标准，对高等院校"三全育人"组织者或高等院校"三全育人"工作者的努力及其成效进行价值判断，从而引导高等院校"三全育人"组织者或高等院校"三全育人"工作者努力达到评价指标体系要求的过程。目前，教育部开展的高等学校教学工作水平评估已经把学校高校"三全育人"管理工作状况纳入评估指标体系之中，从而使评估导向在高等院校"三全育人"实践中充分发挥着更加重要作用，形成引导高校"三全育人"发展的有效机制。

(2) 高校"三全育人"管理导向机制的建设要求主要有三个：

①要体现高校"三全育人"管理系统的目的性。高校"三全育人"管理导向激励机制成为高校"三全育人"管理系统的有机组成，承担着指导高校"三全育人"管理对象为实现高校"三全育人"管理目标努力工作的职能。高校"三全育人"管理目标是高校"三全育人"管理目的的具体化，一切高校"三全育人"管理活动都应围绕高校"三全育人"管理目的的具体要求进行。这就要求建设高校"三全育人"管理导向机制的一切措施都应该服从和服务于高校"三全育人"目的，要求我们在建设高校"三全育人"管理导向机制时，要以促进高校"三全育人"目标的实现为价值取向，把管理对象的利益和需求同高校"三全育人"目标的实现连接起来，引领广大高校"三全育人"工作者为实现

高校"三全育人"目标而努力。

②要特别重视高校"三全育人"监督管理引导效应的普遍性。高校"三全育人"监督管理引导机构的效应发挥得怎么样，是不是对高校"三全育人"管理工作对象产生广泛的社会影响，直接关系到高校"三全育人"事业的健康发展。这就要求我们在进行高校"三全育人"监督管理引导机制建设时，要注意让高校"三全育人"监督管理引导机构的效力普遍适用于高校"三全育人"管理工作对象，充分考虑每一位高校"三全育人"工作者的利益和需求，所采取的措施要提供给每一位高校"三全育人"工作者谋求权益的公平的机会，不要存在歧视性与排他性规定。唯有如此，引导制度才产生广泛效用，对每一位高校"三全育人"组织和高校"三全育人"工作者都产生指导意义。

③应当保持高校"三全育人"服务导向管理机制的稳定性与可塑性的统一。高校"三全育人"管理工作服务导向激励机制的稳定性主要体现在高校"三全育人"管理工作服务导向激励机制对人的指导是一种定向的和持久有效性的相互作用过程上。由于高校"三全育人"管理工作环境的变化，要确保高校"三全育人"管理工作与之相适应，就需要适时调节高校"三全育人"服务导向管理机制的功能走向，促使高校"三全育人"系统顺应新变化，彰显人们的自主选择性，让人们对高校"三全育人"管理工作服务导向激励机制内涵做出符合人的喜好的抉择，因此，高校"三全育人"管理工作引导机制内涵一定要具备可塑性。如此一来，就产生了稳定性和可塑性间的冲突。稳定性高，则可塑性就弱；可塑性高则稳定能力也差。这就需要在对学校"三全育人"的教学服务导向体系的构建中，一定要注意稳定能力和可塑性之间的协调。

2. 协调机制

加强与高等学校"三全育人"管理系统的协调性是构建和完善高校"三全育人"管理机制的一个重要任务。在高校"三全育人"管理系统的建设中，构建有效的协同管理机制对于提高高校"三全育人"管理水平，创造出一个团结一致的高校"三全育人"机构整体并有效地开展高校"三全育人"工作，达到"整个职能大于部分职能之和"的总体设计要求，有着重大作用。高等学校"三全育人"管理协调机制是指高校"三全育人"管理主体为了增强高校"三全育人"机构的整体功能、达到高校"三全育人"总体目标，借助于政策和文化的力量在高校"三全育人"组织内构建出来的及时调和高校"三全育人"组织要素关系和高校"三全育人"机构与外部之间关系的机制功能。高校"三全育人"管理协调机制作用是，协调系统（政府部门、企业）内在党、政、群（主要指高校学生）机构的相互配合问题；协调系统（政府部门、企业）与各基层高校"三全育人"机构的关系；协调系统（政府部门、企业）与各家庭、社区等共同育人的有关事宜。

（1）高校"三全育人"管理协调机制主要由以下四个方面构成：

①会议协调机制。会议协调是指按照工作方案的要求，召开有关部门会议就相关情况进行调整。在这样的大会上，各领域的人士能够交流信息、提出议题、交换意见、商议政策、取得一致。会议沟通有利于各人士掌握整体形势，转变自身的狭隘思维，各方面经过协商产生一致意愿，进而能够在决策时相互配合，形成整体合力。

②访谈协调制度。访谈协调是指与具体的高校"三全育人"者接触谈话，了解其工作状态，解决其工作困难，协调各项思想政治工作任务。必须说明的是，不管有没有需要帮助的困难，学校"三全育人"管理者都要坚持走访基层的高校"三全育人"工作者。通过访谈，可以帮助高校"三全育人"工作者消除自卑感，增加信心和尊重心，改变个人心理状态，激发员工奉献精神，主动向组织者反馈他们的意见和建议，努力投身高校"三全育人"事业。访谈还有助于改变基层高校"三全育人"工作者对群体的认识和态度，促进高校"三全育人"管理者与基层高校"三全育人"工作者更好地配合，实现上情下达，形成共同的高校"三全育人"事业目标。

③指导性协调。高校"三全育人"管理中的协调常常是对具体关系所采取的指导性措施，因此，指导性协调是高校思想政治管理协调机制的重要内容之一。这里说的指导，是针对高校"三全育人"者对高校"三全育人"的不同理解，在执行中发生的偏差进行及时的指导，其目的在于统一高校"三全育人"工作者的认识从而统一行动。指导的表现形式之一是建议，建议是高校"三全育人"管理者对高校"三全育人"工作者提出的一种明显的影响他人的想法或提出某种可供选择的方案，希望他们能够加以接受。这种建议一般要给接受建议者以选择的余地，因此不同于命令。此外，还有一种变向指导即劝说。劝说是建议的进一步强化。它是用忠告、督促和诱导的办法来说服人做某件事的方法。相比建议它含有一定的压力，但也不具有命令的强制性。

④文化协调。文化协调是一种无形的协调，它没有协调者，但却无时无刻不在发挥着协调作用。我们通过建设校园文化，形成全员共同接受的价值观，以此协调全体高校"三全育人"工作者的行动。追求无形的协调作用出发，在校园文化建设中注入饱含整体意识、牺牲精神、合作意识、和谐的愿望的价值观，是我们构建高校"三全育人"协调机制中的文化协调的重要内容。

（2）高校"三全育人"管理协调机制的建设要求主要有以下三点：

①要建立合作高校"三全育人"的愿景。协作需要明确方向，即朝着一个方向协调，是大家为同一个目标奋斗。美国著名管理学家巴纳德认为，个人目标与组织共同目标时常是不一致的，个人之所以愿意为实现组织的共同目标而努力工作，是因为他期望在实现组织共同目标的过程中能够使他的个人目标得到满足。巴纳德还指出，组织成员对组织共同目标的理解，可分为两种：一是协作性理解，它是指组织成员脱离个人立场而站在组织整

体利益的立场上客观地理解组织的共同目标。二是个体性理解，它是指组织成员站在个人立场上主观地理解组织的共同目标。当组织共同目标比较复杂和抽象时，这两种不同的理解经常会发生矛盾。这就要求管理人员要协调个人目标与组织共同目标之间的矛盾，帮助组织成员加深对组织的共同目标的认识，并努力避免组织目标和个人目标的不一致或理解上的背离。这就需要我们树立共同的高校"三全育人"愿景，在高校"三全育人"管理目标的实现过程中要体现高校"三全育人"工作者个人目标的实现。共同的高校"三全育人"愿景是达成意愿协作的必要前提，是随着高校的发展和高校"三全育人"环境的改变而随时调整的。高校"三全育人"工作者的协作意愿没有共同的高校"三全育人"愿景是发展不起来的。没有共同的高校"三全育人"愿景，高校"三全育人"工作者就不知道他们应怎样努力，他们也不知道协作的结果将使他们得到哪些满足，于是就不能从中诱导出协作意愿来，进而不会进行协作活动。由此可以看出，树立共同的高校"三全育人"愿景具有重要意义。

②要加强协作意愿。高等学校"三全育人"系统的协作意愿是指高校"三全育人"工作者对高校"三全育人"系统目标有所贡献的意向。有协作意愿，意味着放弃了个人意愿的控制权，让组织决定，个人行为组织化，其结果是个人努力实现组织目标。相反，如果缺少协作意感，高校"三全育人"系统的协调性就难以存在。由于高校"三全育人"工作者之间在素质上存在差异，即使是同一个人，其协作意愿的强度也会随着时间和外界条件的变化经常地变化着，因此，高校"三全育人"组织内协作意愿总是不稳定的。另外，个人协作意愿强度的高低，取决于自己提供协作而导致的"牺牲"与高校"三全育人"组织因为自己的协作而提供的"诱因"这两者之间的比较。因此，高校"三全育人"管理组织为了提高高校"三全育人"工作者的协作意愿，一方面要提供必要的激励要素；另一方面要运用说服力来启发高校"三全育人"工作者的主观态度，培养他们的协作精神，号召他们爱岗敬业、精心育人，为人民的工作事业作出贡献。

③要做好信息沟通。学校"三全育人"制度的产生和开展是以协调为前提的。高校"三全育人"者的协作意愿和高校"三全育人"组织者的共同愿景只能经过信息沟通才能将二者关联和整合开来，成为生动的组合。没有高校"三全育人"组织内部的信息沟通，高校"三全育人"组织者就无法了解高校"三全育人"工作者的协作意愿及其强度，也就无法系统地协调高校"三全育人"工作者为实现高校"三全育人"目标而采取的行动。因此，加强高校"三全育人"组织者信息沟通是构建高校"三全育人"协调机制，实现高校"三全育人"目标的根本。

3. 激励机制

高校"三全育人"管理激励机制就是指高校"三全育人"管理组织依据人的需要、

动机和激励作用的内在关系建立起来的具有激励高校"三全育人"管理对象积极进取作用的机能。构建以高校"三全育人"管理总体目标为取向的高校"三全育人"管理激励机制，要把高校"三全育人"工作者的社会利益（需求）、动机、行为方式、成果（目标）透过某种载体（如政策措施、规章制度等）有机地紧密联系一起，形成自添动力、充满生机的高校"三全育人"管理。高等学校"三全育人"管理的激励在高校"三全育人"管理机制系统中担负着供给内在驱动力，完善和激活要素状况，增进高校"三全育人"组织活力的一项独特管理机制功能。这一管理机制功能的充分发挥，可以使广大高校"三全育人"者切实感受到劳有所得、学有所用、才有所展、功有所赏，对于推动高校"三全育人"教育系统不断完善，更好地圆满完成思想政治工作任务有着重大意义。

（1）高校"三全育人"管理激励机制的构成主要包括以下六个方面的内容：

①物质激励机制。物质激励机制是利用薪酬、奖励和物质奖励等经济手段和方法来解决高校"三全育人"工作者的物力需要，充分调动他们的高校"三全育人"管理工作主动性，达到高校"三全育人"活动的一个激励机制因素。物质激励机制是管理工作的基础工具，它对高校"三全育人"管理工作也有作用，是高校"三全育人"管理激励机制中最基础的力量。恰当地运用物质激励可以使高校"三全育人"工作者在满足物质利益需要的情况下，工作积极性得到充分调动。在高校"三全育人"管理实践中，需要贯彻物质利益原则，把高校"三全育人"目标的实现同高校"三全育人"管理对象个人利益的满足紧密地结合起来，特别要对一线的高校"三全育人"工作者实行倾斜政策。

②文化激励。文化激励是指通过创建先进的校园文化，对学校"三全育人"的目标，形成了激励、促进、引导的促进效果。这种文化激励作用的结果，通常能够达到巩固和推动学校内"三全育人"的工作者坚定信念、至诚如一地为学生的成长尽职尽责服务的目标。文化塑造人，文化培养人，不同的文化对人也有截然不同的作用。由于文化激励的内容众多，如学校文化教育、业务培训、组织学习、危机管理、学校形象宣传等都是文化激励的主要形式，在此基础上创新的各种文化激励手段并进一步规范化，才形成了一种长期发挥作用的稳定的人文激励。

③工作激励机制。在高等学校"三全育人"管理中，工作激励的本质就是为高校"三全育人"工作者创造顺利发展的渠道。马斯洛的需求层次论指出，虽然物质需求是人类较低层级的需要，自我实现才是高层次的需要。如果事业发展可以满足人的需求，助人事业发展更能产生很大的激发效果。因为人的需求很多样化，所以，激励人的措施也要因人而异，在工作分配中要充分考虑人的需要因素，以激发他们的工作热情。

④奖惩激励机制。在中国高等学校的"三全育人"管理中，奖惩激励就是根据高校"三全育人"工作者的工作成绩及行为结果，及有关部门的相关政策实施奖励以及处罚。一般而言，嘉奖包括颁发奖金、晋升、表彰、获得荣誉、提职、升迁等，处分则包括批

评、惩罚和行政处分。奖惩方式是强调奖惩效果的外在方式。

⑤竞争激励机制。在高等学校的"三全育人"管理工作中，竞争激励机制是高校"三全育人"管理者为了充分激发高校"三全育人"工作者拼搏进取的精神动力，通过政策和社会组织方式把竞争带入高校"三全育人"系统中，促使高校"三全育人"工作者内部互相竞争的过程。学校"三全育人"活动中的竞赛包括个人比赛和小组竞赛；岗位竞争和成果竞赛；单位内外部的竞争。

⑥自我激励是中国高等学校"三全育人"管理激励体系的一部分，自我激励是高校"三全育人"管理主体引入的高校"三全育人"中员工自订责任、自主承担、自担压力的管理激励机制系统。在同一环境下的自我激发往往比其他激发手段更富有强烈的深刻感和持久性。

（2）高校"三全育人"管理激励机制的建设要注意以下四个方面：

①对高等学校的"三全育人"管理者要增强激励意识。高等学校"三全育人"经营者的管理能力在于提升高校"三全育人"工作者的满意度，而这些满意度主要反映在对其他物质需求方面。强化激励认识，善于鼓舞士气和满足被管理者的多重需求，是对高等学校"三全育人"管理者提出的基本要求。同时，高等学校"三全育人"领导者也应学会从激励的基本要求入手，调整与被管理者之间的互动联系，理解他们、信任他们、公平对待，让被管理者产生温暖和信任感。

②激励措施要彰显公正性。彰显公正性是建立高等学校"三全育人"管理激励机制的一条很关键的基本原则，一切不公的待遇均会直接影响高校"三全育人"管理工作的成果。取得同等成就的高校"三全育人"工作者，必须要获得同样等级的奖金；同理，犯错的人，就应该受到同等程度的惩罚。如果做不到这一点，学校"三全育人"管理者宁可不嘉奖或者不处罚。高校"三全育人"管理者在对待高校"三全育人"者的问题上，必须要有一种公正的态度，不应有任何人的偏爱或者喜好，不得有什么不公的言论或者做法，否则，激励机制将失去其应有的作用。

③激励措施因人而异。由于人的行为具有个人特殊性，所以鼓励行为的实施也应因人而异。美国行为心理学家麦克利兰认为人存在三种基本需求：第一类，是对权力的需要。具有较大权力欲的人对施加影响和控制表现出极大的关切。第二类，是对社交的需要。需要社交的人常从友爱中得到快乐。第三类，对成就的需要。需要成就的人，对成功有一种强烈的要求，同时也十分担心失败。这类人愿意接受挑战，为自己树立一个具有一定难度的目标（但不是不能达到的）。高成就感的人希望有能独立解决问题的工作环境，以便发挥这方面的才能。他们只要有了这种环境，不必再提供其他方面的激励，也能积极工作。他们只有在靠自己的能力解决问题时，才会感到成就的满足。如果问题的解决是靠别人的帮助或偶然的机会，他们是不会感到满足的，不会认为取得了成就。所以组织上应该为这

类人安排具有挑战性的工作，并给予其一定的自主权，这样就能发挥他们的积极性。[①] 美国行为科学家阿特金森曾指出，没有一种环境对每一个人都是最优的，没有一种个性对所有的环境都有最高的生产率，而且没有一种关于激励效果的概括能适用于所有的工作。所以，对于高校"三全育人"的激励机制，要善于按人的能力和心态，有针对性地采取激励措施。

④激励的主体应具备多元化。美国管理学家梅奥曾给出了决定员工满意度的六大关键因素：薪酬、员工本身、培训、教育、员工组织与团队环境。因此，高校"三全育人"管理者可以从这六个方面助手，实现高校"三全育人"管理激励机制载体的多样化，满足广大高校"三全育人"工作者的社会需求与心理需求等各方面的需求，从社会、心理方面来对他们进行激励。

4. 约束机制

一旦没有了制约，任何事物的发展都会偏离了正轨。而高等学校的"三全育人"系统是有目的、有结构、有功能的人为形成的机构。要保持其正常、高效地运行，同样需要约束力。这些制约既影响机构全体，更影响机构中的具体的人。不管是从当前或者从长远看，建立科学有效的高等院校"三全育人"管理约束机制都有着非常重要的意义。高等院校"三全育人"管理约束机制是在高等院校"三全育人"机构内为实现自身目标而建立的制约高等院校"三全育人"工作者言行的监督机制。作为高等学校"三全育人"管理机制系统的组成部分，承担着完善、制约、威慑、警醒的功能，是保障高等学校"三全育人"管理工作正确、合理、有效开展的必要条件，对增强高等学校"三全育人"实效性有着不可替代的意义。高等学校"三全育人"管理工作约束机制是由多重制约构筑而成的。

（1）高校"三全育人"管理约束机制由以下三方面构成：

①法规条件。规范制度，是以法规、制度、标准的方式对高等学校内"三全育人"组织及其个人的行为予以约束。这种约束刚性强，覆盖面广，稳定性好，是高校"三全育人"的约束制度的重要表现形式。

②体制约束。体制约束主要是指管理体制的约束。体制约束不同于规章制度约束，它是指通过确定学校组织结构部门职能、彼此关联、工作程序的方法实现学校管理格局，并实现上下级相互之间、部门之间的互相联系、互相监督以及彼此约束的管理工作关系，从而整合制约机制，构建约束激励机制。防止和减少高等学校的"三全育人"管理工作偏差，取得最佳高校"三全育人"管理工作效益的关键因素。

③文化约束。教育制约是个大问题，它涉及大学生思想道德制约、自身约束、社会制

---

① 隆瑞. 世界著名管理学家管理法则全书 ［M］. 北京：中国对外翻译出版公司，2004：969.

约以及社会条件和社会心理制约。

（2）进行高校"三全育人"管理约束机制的建设有四方面的要求：

①法律制约。制约要有规矩，否则就会产生紊乱。贯彻法律制约的原理需要我们在建立高校"三全育人"管理约束机制时，严格依法行事。首先，要把国家的法律法规作为高校"三全育人"管理的首要制约准则，如《中华人民共和国高等教育法》《中华人民共和国教师法》，《关于加强和改进新形势下高校思想政治工作的意见》等。其次，要依照国家法律法规制定本系统（部门、单位）的思想政治日常工作管理体系，明确流程、方法、岗位条件和各项工作规章制度。再次，必须严格依据国家有关规章制度和本学校（部门、单位）规章制度开展学校"三全育人"的自律活动，不得做任何限制。

②适当约束。适当约束要掌握范围与强度。既不会导致学校对违法违规人员的教育活动约束不力，也不会拓展制约范围，从而有效管理学校对"三全育人"工作者的自主性和能动性。这就要求我们在进行高校"三全育人"管理约束机制的建设时，要认真研究高校"三全育人"组织和高校"三全育人"工作者的教育活动类型以及特征。概括地讲，高等学校的"三全育人"组织的行为可分为四类：第一种是高校"三全育人"的活动，一般由党、政、群组织实施。第二种是高等学校的思想政治理论教育活动，主要由高等学校的"三全育人"工作者承担。第三种是日常高校"三全育人"工作，主要由高校"三全育人"活动实践者们担任。第四种为高校的"三全育人"研究行为，主要由高校"三全育人"理论工作者和高校"三全育人"研究人员承担。不同的高校"三全育人"需要约束的方式和力度不同。对高校"三全育人"管理行为的约束，必须精心细致，严防高校"三全育人"管理工作机构和高校"三全育人"管理者玩忽职守、责任缺乏、官僚主义和贪污情况的发生；对高校思想政治理论工作行为，要精心监督考核，避免出现高低重叠、精力投入缺失、不健康思想蔓延等现象；对日常高校"三全育人"，要强调和检验高校"三全育人"领导工作者的事业心、使命感和纪律性；对于高校生"三全育人"的活动，也应去除一切限制，积极发展。

③重点约束。各类高校"三全育人"行为，出现的概率和程度不一样，所应该制约的力量也有所不同。这就规定我们无法在执行制约上平分精力，应该找出制约的关键点，以便在建立约束管理机制时，聚集精神，把握关键点，以提高管理制约成效。权力聚集的地方，尤其是关系着组织和个人利益的权力拥有者，是学校"三全育人"管理工作监督约束的重心，高校"三全育人"干部是高校"三全育人"管理工作约束对象的重心。同样，对高校"三全育人"工作者的纪律约束同样不可松懈。

④坚持合理制度约束。高校"三全育人"管理机构是保证高校"三全育人"工作健康运行，完成高校"三全育人"目标的必要条件。进行高校"三全育人"管理约束机制建设的根本目的是预防高校"三全育人"工作发生混乱和高校"三全育人"员工出现违

章情况。能够达成这一目的是检查约束机制是不是行之有效的唯一依据。一旦偏离了实效性，高校"三全育人"管理机构的产生就会毫无价值。追求高校"三全育人"管理工作约束制度的实效性，是我们的主要任务。为了增强高等学校"三全育人"管理约束机制的实效性，就应该做好以下方面：要着眼全局，以落实高校"三全育人"宗旨为终极目的，并从全局角度确定制约内容；要遵守科学原则，以维护管理约束机制所建立的科学性；要将制约功能的内涵，随着时间、条件、范围、对象的不同，而做出适当的改变；要强调权、责、利三者的整合，确保利益平衡，缺一不可。

综上所述，必须形成一套自律机制，对规范高等学校的"三全育人"组织和高校"三全育人"工作者的行为、完善高校"三全育人"管理机制、提高高校"三全育人"工作者的素质，最终实现高校"三全育人"工作目标有着非常关键的作用。

第三节 以学生为本的"三全育人"管理模式

高校是高层次技能型、应用型人才基地，随着高等院校从精英教育向大众教育过渡，在校生的总量大幅度增长，给高等教育管理造成了巨大的冲击。传统的学校教育管理理念、办法、模式已无法满足新时代高校学生的发展需要。为此，我们开展了新时代高校学生素质教育模式的研究和实验，在学校的教育和管理过程中，牢固确立"以学生为本"的教育管理理念，努力探索建立适合高校发展的"三全育人"模式，即"全员育人、全程育人和全方位育人"。

一、"三全育人"管理要坚持"以学生为本"的管理理念

（一）"以学生为本"是实行"三全育人"管理的首要前提

新世纪高素质人才应具备强烈的社会责任心，具有开拓创新的能力和奉献精神，具有为社会进步和社会主义国家建设贡献力量的勇气和本领，与时俱进，善于抓住时代脉动，善于运用一切先进知识和技术手段，具备提出问题和解决问题能力的人。而中国高等学校的宗旨正是要培养出这样的人，所以，高等学校必须确立"以学生为本"的教学管理思想。在中国高等学校改革发展日益深入的今天，学校管理人员也必须改变教学思想，努力做到既根据教育的目标严格培养学生，又针对其特点，发挥其优秀特点；既坚持宏观指导原则，又深入对学生个别指导、培训；既坚持按系统的管理制度和培养目标，又坚持按不

同阶段的要求管理学校；既坚持宽严结合，又进行动态控制；以此加强教育管理工作的执行力和科学化，推动学校管理上一个新台阶，更有效地完成高校培育"四有"合格人才的目标。因此，树立"以学生为本"的管理思想是高校"三全教育"管理工作的首要基础。

（二）"以学生为本"是"三全育人"管理的内在特点

人是有思维、有能力的生活个体，其本质是一种被发掘和展示的过程，而高等学校为它指明了主要的路径。基础教育成为高校学生进入社会变成社会财富的创造者的关键阶段，其地位和意义尤为重要。高等学校必须针对经济社会蓬勃发展的客观现实和学生的个性化特点，培育符合经济社会发展趋势的多方位的创新性人才，"以学生为本"的教育理念真实反映了这一需要。原有的教育管理提倡的是整齐划一、绝对服从，全然与教学的实质相悖。"以学生为本"的教育理念是关注学生的主体地位，激发学生的主动性和兴趣，关注学生的全面发展，与教学的实质是完全一致的。高校教育是高等教育的一项组成部分，为社会培育多层次、全方位的创新性人才和技术应用型人才，"以学生为本"是高校实行"三全育人"管理的内在需要。

（三）"以学生为本"是"三全育人"管理的客观需求

美籍管理学家唐纳利、吉布森等合编的《管理学基础》一书中对"管理"的定义是："由一位或更多的人来协同其他各种活动，以期达到独立行动所无法达到的目标而完成的各项行动。"负责管理是保证某个单位或团体的全部行动能正常有序进行的一整套策划、组织者协同和监控的行动，从某些方面来讲是解决人与人相互之间的关系以及怎样看待人的问题，从根本上来讲这是一项道德伦理课题。高校教育管理工作要贯彻"以学生为本"基础特征，就要"把人当成目的"。而高等教育的功能在于培养和服务于社会，所以，高校学生教育管理工作的实质在于提供给他们充分成长的环境，协助他们顺利发展。"以学生为本"的管理理念，需要任何管理工作都要根据调动学生的主动性、积极性和创造性来展开，管理人员要把监督确实看作一门服务人的方式，这才是管理本质的反映，更是实现"三全育人"管理的客观要求。

二、"三全育人"管理的目的和依据

（一）"三全育人"管理的目的

开展"三全育人"管理工作，要注重多个环节：一是规定校内任何单位的人员都要参与学生的教育管理工作，把凡是参与学生管理工作的各类因素都列入学生的教育管理工作的范围，从工作时间上和教育活动范围上实行"横到边""竖至底"的教育管理工作规定。二是将校内不同层次、各类单位的教育管理人员充分调动起来，建立一种有机融合的教育工作网络，强调全员共同参加，相互协作。三是注重教学过程控制。将学生的培养与教育管理方式作为一个有机融合的整体，将学校教学管理工作融入各个环节之中，在完成不同过程任务的基础上，逐步达到学校教学管理工作的基本目标，最终达到高校教学管理工作中"三全育人"教育的终极目的。

（二）"三全育人"管理的依据

高校的核心竞争力是形成一种合理可行的人才培养模式，并利用这些人才培养模式来完成对学校和社区的社会服务。要达到这一目标，关键要形成一个科学有效的管理机制。

三、"三全育人"管理的内容

（一）全员育人

高校的基本特征之一就是全员育人。建立怎样的教育机制，借助什么力量进行教育，既是高校进一步增强实力需要考虑的问题，又是高校确立和贯彻科学发展观，积极进行内涵式素质教育所需要研究的重要问题。高校在长期教育办学中，一直坚持将"立德树人"当作学校教育管理的根本任务，透过实施"九种制度"和"744"工程建设，让高校的全部工作人员都有贯彻育人为本的思想，确立面向学生、为了学生、服务学生的观念，创造"个个皆教学之人，处处皆教学之地"的良好教育环境，积极推动创新型人才的培育。

（二）全程育人

随着中国教育"大众化"工作的逐渐开展，高等教育院校学生规模迅速扩大，但同时学生构成也变得更加复杂，教育层次也随之下降。因此，根据当前高校学生的管理状况和年级特征，根据年级的教育方法分为三个阶段。

第一阶段，以严格管理为主，重点是一个"管"字。这一阶段是学生由中学教育走向高校的一个重要过渡阶段，也正是在一年级这一阶段，如何培养他们优秀的行为习惯，对他们今后的成长起着关键的作用。但对于"怎么管"也并非是传统意义上的无人情味的管理方式，应坚持"以学生为本"的教育原则，根据本校的学生情况，要建立各种制度，特别是针对学生习惯的规范培养体系，从他们的言谈举止到日常生活起居以及各种知识和行为等，要有具体的规定，为他们优秀的学业和人格培养打下坚实的根基。

第二阶段，被动管理与积极管理有机地结合，重点体现一个"转"字。这一阶段指的是高校二年级，我们需要提供一定条件，使学生参加到自我管理和教育环境的实践活动当中，并指导和锻炼学生进一步增强自我约束的意识与能力。做到三项转化：一是由学生自发性管理教学活动向自觉管理转化，二是由学生组织活动向学校组织社会活动转化，三是他律向自律转化。

第三阶段，以主动领导为主，重点是一个"导"字。这一阶段是学生在校的最后一年，也是大部分毕业生实践、学习的一年，必须指导他们转变消极管理的状态，重视他们的自主成长。走上自主成长的道路并不等于袖手旁观，也不是放手不管，而是通过完善的管理机制和规范的机制约束，指导他们实现自主成长、自我发展。

（三）全方位育人

高校是培育经济社会需要的应用型、技能型人才的主要平台，这也是高校工作的中心任务。因此，高校要以马克思主义的政治理论课和思想品德课为主渠道，注重学生的实践，加强校园文化建设工作，全方位育人就是要通过利用一切条件良好的教学平台，栽培面向 21 世纪的高质量人才。

马克思主义的政治理论课和思想品德课，是系统对学生展开培训的重要途径和基础。要以社会科学发展理念为引领，结合理论与实践，加强对高校学生的爱国和集体主义思想教育，培养他们正确的思想、生活方式和价值理念。首先，要充分运用高校讲坛，系统地开展马克思主义思想品德的教学，同时聘请校内外的知名人士、教授来高校做主题演讲，开阔学生的眼界，充实学生的理论知识，培养学生崇高的理想和道德情操。其次，着力建设一批思想素质高的专兼职辅导员教师队伍，同时，由这些进行长期思想政治教学的工作者兼职马克思主义政治理论教学和思想品德课教师，有利于紧密结合实践，将学校的高等教育德育与管理工作真正地落在实处，做出效果。在做好马克思主义政治理论课与思想政治品德课教育工作的同时，要从社会、家庭这些学校教育管理的重要渠道中走出来，逐步建立校园、社会、家庭"三位一体"的学生教育体系，充分发挥其"三位一体"的教学合力，同时做好校园文化建设，积极营造良好的学校教育环境，通过开展各类课外活动，充实学生的课外文化生活，推进学生的发展。另外，利用学校综合素养考核和学生奖学金评选、贫困生补助与勤工助学、社会实践活动等，为学生的全面发展与能力养成提供有利条件，从而切实达到全方位育人的目标。

第四节 书院制推动"三全育人"管理机制的建立

"三全育人"已成为中国高等学校教育发展的新理念与实践模式，成为高等学校全方位落实立德树人基本责任的重要抓手。那么怎样才能通过书院制度推动"三全育人"理念实施和运用呢，下面详细分析"三全育人"的管理机制。

一、书院制是贯彻"三全育人"理念的有效途径

我国现代高校学院制吸收了我国古代学院的精华，借用了西方住宿制的思想，利用学生宿舍空间进行通识教学以及各种文体活动。书院制突破学校、院系的束缚，提供了各种教育机会，将书院变成学校的第二课堂，推动学生的全面成长与个性化发展，成为中国高等教育系统开展"三全育人"的最有效途径。

（一）充分发挥学校、教师、家庭、学生的作用，实现全员育人

全员教育工作需要与学校、社会、家庭等一起形成系统教育机制，一起参与并组织教学育人、管理工作育人、服务育人，充分调动经济社会各方面的积极作用，真正积极参与高校人才培养教育管理的工作。在教育功能上，学院制以导师制为核心，由导师在学生的学习、生活上予以全面引导并以学校团队等方式为辅，协助学生完善自身，促进学生进行自主服务、自主学习、自我管理。另外，学院还通过聘请专业教授、社会人员等共同参加学院建设工作，对学生学业、日常生活等方面予以全面引导，培育学生优秀的意志品质，从而做到全员教育。

（二）以文化育人为切入点，实现全过程育人

全过程育人要求育人过程贯穿学生高校学习的始终，学校根据时间和空间的改变，根据学生成长的客观规律和学生发展的自身要求，有序开展育人工作。在时间上，书院育人覆盖书院学生在校学习的全过程，以文化活动作为重要载体，对不同的年级开展有针对性的文化活动；在空间上，书院驻院导师与学生同住，师生没有空间上的分割，部分教学场地转移至书院，推进第二课堂入书院，让学生在书院中时刻感受文化氛围的熏陶，在潜移默化中陶冶学生，实现全过程育人。

（三）以通识课和各种活动为平台，实现全方位育人

全方位育人需要充分地利用、系统地创设各种载体进行教育工作，有针对性地将品德渗透到教学、日常生活、实践各环节，利用管理制度、校园环境、实践形成教育立体空间，做到全面育人。首先，学院有健全的管理制度和网络平台。各学校在书院建设中均有一个健全的管理体系，规定了各主体的权责，如校长负责制、指导教师制、导生制等，形成"三全育人"教育的基础。其二，完善的校园环境网络平台。学院制透过增加活动区、图书馆、心理健康辅导等延伸了宿舍区的功能，让每个学生足不出舍就可以感受到完善的教学、日常生活，使学生宿舍变成社会，每个学生可以在学院中进行个人发展。第三，丰富的实践性网络平台。为了鼓励学生的全面发展，学院内设有丰富多彩的通识课堂，并举办了形式多样的素质拓展及专业技能、文娱体育等交流活动，不断创新教学活动内容与形式，以提升书院学生的综合素养。

二、书院制下"三全育人"工作存在的困难

（一）现代高校书院认同感低

现代高等教育书院制是中国高等教育模式变革的一次有益尝试，推行书院制度的院校都是摸着石头过河。但在其改革开展历程中，不乏存在争议或批判的意见。第一，传统书院的合理性有争议。目前，中国大部分书院的主要职能，包括通识教育、学校活动、学生社团活动等，在传统高校都能够实现，不少学校都觉得单纯设立书院实施这种职能没有必要。第二，学生对传统书院认同感不足。学校已经习惯于传统院系班级的直线管理，书院制虽然突破了传统学科、班级的束缚，但其实际的教学行为也大多集中于班级；同时传统书院的创新性不够，学生活动层级也不多，无法适应学校的实际需要。因此，学生对传统书院认可度与归属感不足。第三，学校教师们投入传统书院项目的热情也不高。学院教学任务烦琐、零散且耗时，教师教学科研任务繁重，时间精力有限，且学院对教师培养机制不健全，使得教师对参加书院的热情不高。所以，缺乏学校、教师的认可与归属感，学院无法起到整体教育的作用。

（二）现代高校书院有形无神

现代高校学院以既有学生宿舍空间为基础，加以生活社区改建，添加了图书馆、会话室、教学活动室、休闲空间等硬件设备，构成了功能完善的社区，这就是书院的形；书院的文化环境是通过长时间的积累逐步形成的，即书院的神。国内书院大多是嫁接的产物，

时间尚短，没有书院的精神也在情理之中。对进入书院的大部分学生而言，书院只是学生宿舍的另一个称谓，是条件较好的寝室；书院中的各种功能设备只在活动场所使用，没有作为学校日常生活的内容；书院规章制度不能很好保障书院精神的实现；等等。上述问题使得现代高校书院仅有书院之名，不能反映书院的精神内核。只见其"壳"，不见其"核"，没有文化底蕴与精神内核的书院教育，是难以实现全面教育目标的。

（三）双院协同育人有冲突

学院制是为弥补传统中国书院制度的缺陷而出现的，由于高校的书院都是属于外生秩序性书院，新生事物的存在对原有的制度必然会造成冲击。因此，书院和学校之间的冲突也会显现出来。其一，对书院和学院的划分还没有清楚。目前，中国双学院协同教育体系（即书院、学院协同育人模式）之间在人才培养结构上既有协同、又有互补，但存在着重叠和划分错误的交叉区域。其二，书院和学校互动体系不完善。学院组建后，许多事情要两院协调配合，而书院在原有的内部交流基础上又需要另外分出一部分人力和学院进行衔接，加大了书院的工作压力，这也是书院所不愿面对的。而另一方面，由于没有系统的规划和统筹，难免出现内部冲突等问题。其三，通识教学和专科教学的融合问题。由于学校的通识教育多是单纯地将其内容作为附加项加在专业知识上，两者无法做到彼此渗透、互相弥补，同时学院的专业教育又与书院的通识教育没有系统的上层设计与管理方式，因此学校担心在将不同专业、不同班级学生安排混住，对学校专业教学形成冲击，影响学生的专业知识的归属感与学科发展。

三、书院制下"三全育人"管理机制建设的途径

学院制下的"三全育人"工程是一个复杂的系统工程，也是一个系统的重要课题，必须在实践中进一步探讨与完善。

（一）文化层面：以书院文化建设为依托，打造"三全育人"阵地

党的十九大报告指出："文化是一个国家、一个民族的灵魂。"文化也是书院的灵魂，书院文化的形成是一个长期沉积的过程。高校可以借鉴古代书院的常年坚持讲会、讲学制度，聘请大师进行传统文化的讲习，安排驻院导师指导各类兴趣组，从而构建良好书院文化环境，让书院教育实现价值关爱的人文精神与崇尚学识的科学文化精神的一体化。此外，要建立少而精的书院文化特色体系项目，为书院学生提供校内、校外艺术交流机遇，拓展眼界。现在高校项目众多，但大多数都是"过眼云烟"，学生从项目上获益的很少，

所以书院应该举办能够长久延续的文化教育项目。比如,通过融合了我国传统文化内容的诗歌朗诵会、读书会等,通过引导学生全员参加社会活动,使传统文化的内容渗透到学校的方方面面。通过日积月累的历史沉淀产生了独具特色的书院文化,通过引导学生人文认知,书院文化才能真正在"三全育人"的工程中凸显实效。

(二)制度层面:完善顶层设计,搭建"三全育人"平台

书院和学校共同构成了一个矩阵式的组织结构,它是一个既各自独立又有彼此交叉联系的复杂系统。因此,必须建立具备支持性的、稳定运转的体制环境来统筹规划。首先,要建立畅通的联系渠道。如在书院中建立院务监督工作室,并邀请书院与学校的主要负责人联合参与,或者设置联络员专门做好两院联系以及其他各部门机构之间的交流与配合工作,为全员育人目标提供有力保证。其次,要建立灵活的资金保证制度。如在书院中聘任教师、学校评估导师成绩时,根据各方面的意见建议,提出适当的激励机制、奖励制度;在书院中所有项目开展时通过审核后给予适当的资金保障,在书院发展中经过合理考虑,并结合了教师、学校的多方情况加以支持等。最后,要设计全面落地的知识课程体系。按照教育书院培养目标,设计相应的通识教育课程体系,在教学设计中下功夫,实施包括探究、辩论等形式丰富多样的教学方法,在学生层面上形成文化认同,实现教师关注、学生兴趣,通识教育和专业教学相得益彰,在通识教育中影响学生的精神内涵,从而做到全面教育。

(三)师资层面:增强导师能力,建立完整的书院导师制体系

学院的指导教师大多充当的是咨询师身份,协助学生发现兴趣、明确人生目标、进行专业定位、设置规律生活等,但目前书院很多指导教师的知识准备不足。所以,必须借助学校培养、校外训练、学术交流的形式与方法,提高学院指导教师对书院的认知与理解;通过学术教育提高导师教育能力,完善导师团队;通过构建完备的导师机制和导师考核系统,调动指导教师的工作积极性,同时,通过按照各期的学院工作要求聘任不同层级、不同专业的指导教师,与校内、校外指导教师联合构建导师团队,为学院的全面育人提供师资保证。

第四章 "三全育人"队伍创新建设

"言传身教,身教重于言传",是高校思想理论教育最根本的准则与办法,也是高校一以贯之的教育传统。总结了高校思想政治教育工作的过程,能够发现思想政治教育工作队伍在思想政治工作中起着举足轻重的作用,工作队伍的整体素质与形象,将影响到高等学校思想政治教育的实效性,也直接决定着高校"三全育人"效果的提升与教学任务的完成。

第一节 "三全育人"队伍建设的意义

在当代高校"三全育人"活动中,高校"三全育人"队伍担负着设计、组织、实施、检查、总结和评估等各项任务。这些任务能否完成以及完成的效果如何,都与高校"三全育人"队伍的素质、结构和职能的发挥有直接关系。因此,重视和加强高校"三全育人"队伍建设,对于充分调动高校"三全育人"者的积极性、创造性,对于实现高校"三全育人"目标具有极其重要的意义。

一、当代高校"三全育人"队伍概述

科学定义高校"三全育人"队伍的内涵,揭示当代高校"三全育人"队伍的职能及其特点,对于明确高校"三全育人"工作者的基本素质要求,探索高校"三全育人"队伍构建的基本任务与路径有着重要意义。

（一）当代高校"三全育人"队伍的内涵

1. 高校"三全育人"队伍

高等学校"三全育人"队伍是指按一定结构组合起来的，依据社会主义事业建设的需要，用马克思主义政治观、科学思想、正确的生活方式、深入的道德和法律认识，向高等学校学生开展有目标、按计划、有组织的教育活动，以提高其思想道德素质的人的组合，是贯彻落实党和国家高等学校"三全育人"方针政策的主体，是保证学生坚定发展思想，培育社会主义事业建设者和接班人的一支不能缺的重要力量，是学校"三全育人"工程的主要推动者和指导者。

高校"三全育人"队伍有狭义与广义之分。狭义的高校"三全育人"队伍是指直接从事高校"三全育人"工作的专职高校"三全育人"工作者的组合，包括高校"三全育人"管理队伍、高校"三全育人"培育队伍、高校"三全育人"研究队伍。广义的高校"三全育人"队伍是指所有的受党组织正式委托从事高校"三全育人"的人员组成的群体，包括高校的全体党员、干部、教师等各系统（部门、单位）从事高校"三全育人"工作的人员构成的队伍。高校"三全育人"骨干队伍是高校"三全育人"计划的制订者和主要实施者，是决定高校"三全育人"水平、高校"三全育人"效果的主导力量。

2. 高校"三全育人"队伍建设

高等学校"三全育人"队伍建设是根据以人为本教育思想，经过正确选择、培育、鼓励、引导、协同、评估高等学校"三全育人"工作，组织和建设高等学校"三全育人"队伍，最大限度地调动和发挥高等学校"三全育人"工作者在高等学校"三全育人"工作、管理、研究中的积极性和创造性，全面地、高效地实现高等学校"三全育人"总体目标的过程。高等学校的"三全育人"队伍建设既是高等学校"三全育人"管理的核心内容，更是各系统（部门、单位）人事管理的重要组成部分。高等学校"三全育人"队伍建设的重点是加强高校"三全育人"专门教师队伍的建立和管理工作。

3. 高校"三全育人"队伍的基本结构

高等学校"三全育人"管理队伍主要是由党政领导和党政部门中负责高等学校"三全育人"管理的专职、兼职政工干部，以及高等学校"三全育人"教学和研究人员构成的。这种构成是一种多元化构成，它包含学科专业构成、年级结构，知识、技能构成和个人结构。合理构建多元化结构是加强高校"三全育人"队伍建设的核心内容，是加强高等学校"三全育人"队伍实力，提升院校"三全育人"管理工作有效性的关键保障。所以，要想真正地充分发挥高等学校"三全育人"在解答高校学生的思想认识问题、化解矛盾和争议、加强合作能力、推动核心工作目标实现等领域的作用，党政领导及各部门要根据实际管理工作的需要,在高等学校"三全育人"队伍建设过程中科学、合理地设置高等学校"三全育人"管理岗位,构建符合社会主义市场经济条件下高校"三全育人"的管理工作和多元化组织体系的教师队伍。

(二)当代高校"三全育人"队伍的特点

高校"三全育人"队伍作为高校"三全育人"的具体实施者,具有三个特点。

1. 层次性

世界上没有两片完全相同的叶子,人亦如是。在人类社会实际中,每一个人的生活环境有所不同、自身经验截然不同、所受教育也各不不同,所以在日常生活中人人都是唯一的人,而在人类社会实际中的人也具有个体差异。高校的"三全育人"队伍就是由这些不同的人组成,因而也具有个体差异性。这种差别导致高校"三全育人"队伍中具有鲜明的层次性。

高校"三全育人"队伍依据不同的标准可以划分为不同的层次。例如,从年龄角度来讲,高校"三全育人"队伍具有老年、中年、青年等层次;从受教育程度来讲,可划分为博士、硕士、本科、专科等层次。高校"三全育人"队伍的层次性特点,要求我们在建设高校"三全育人"队伍过程中针对不同的对象,制定不同的规划,提出不同的层次要求,并且运用不同的方法,有针对性提升不同层次的高校"三全育人"队伍的综合素质。

2. 动态性

构成高校"三全育人"队伍的现实生活中的人,不仅存在个体差异性,还具有动态性。高校"三全育人"队伍的构成人员是动态变化的。从数量上讲,高校"三全育人"队伍组成人员的数量是动态变化的,可能是时间和空间上的人员派遣和调动,可能是新成员的加入,老成员的退休,可能是优者高升、不合格者被淘汰;从质量上讲,高校"三全育人"队伍人员自身能力和素质是动态变化的,随着其参加高校"三全育人"社会实践活动中能力的锻炼、经验的积累以及自身的不断学习,自身的能力和素质不断得到提升,进而带动整个教育队伍素质逐步提升。因此,高校"三全育人"队伍具有动态性。

学校"三全育人"教师队伍的发展,是一个逐步提高、持续发展的历史过程,在不同的历史阶段有着不同的实现形态与内容。高等学校建设"三全育人"队伍的动态性,要求我们在建设高校"三全育人"队伍过程中,始终要随着时间的变化不断更新高校"三全育人"队伍建设内容。

3. 系统性

高等学校"三全育人"队伍的内涵揭示了高校"三全育人"团队是一个由各类要素有机组成的整体体系,各因素间彼此影响、相互促进、彼此协调发展,联为一体。高校

"三全育人"队伍的系统性，需要我们在建立和完善人才队伍制度时，必须时刻注重把握好人才队伍素质制度内部与外部的各项相互联系，整体规划，统筹实施。

二、当代高校"三全育人"队伍建设的素质要求和内容

明确了高校"三全育人"队伍的内涵、特点和职能，也就意味着明确了高校"三全育人"队伍建设对高校发展的重要性。因此，接下来要探究如何建设当代高校"三全育人"队伍。首先必须明确高校"三全育人"队伍建设的目标、要求和内容。只有目标明确了，才能保证高校"三全育人"队伍建设的大方向正确；其次将高校"三全育人"队伍的基本要求细化，才能保证高校"三全育人"队伍建设更有针对性和计划性。最后，当目标和要求都明确后，探究高校"三全育人"队伍建设的内容才具有可行性，因为内容是高校"三全育人"队伍建设的具体框架，也是预期要达到的效果。这些对高校"三全育人"的高效发挥有着至关重要的作用。

（一）当代高校"三全育人"队伍建设的素质要求

高等学校"三全育人"的工作质量，不仅仅取决于高校学生教育思想教育工作者的自身素养，而且取决于高校"三全育人"工作队伍的总体情况。因此，当代高校"三全育人"队伍的素质要求有两个角度。一是对普通高等学校"三全育人"工作者个性素养明确提出的标准，即根据"政治强、服务精、纪法严、作风正"的特点，加强新时期高校"三全育人"的队伍建设。二是对高等学校"三全育人"教师队伍整体提出的要求，即建立一批具备马克思主义理论素养，政策坚定、专兼一体、结构合理的高素质的高校"三全育人"团队。

学校"三全育人"工作者工作在学校事业的最前沿，其个人素养直接关系着管理工作的效果和学校素养的养成。所以，对于学校"三全育人"工作者而言，形成完善的心理素质体系是实现岗位职责的根本和前提条件。心理素质是指人类在先天的遗传环境下，通过环境陶冶、教育培养以及自身行为上的历练，日积月累所产生的基本的素质，是智力因素与非智力因素的总和，其所体现的就是人类综合心理素质的总和。

高校"三全育人"工作者具有教师职业的特征，不仅要具备国家对教师的素质要求，而且要具备从事高校"三全育人"工作所需要的基本素质，即思想道德、文化业务（包括高校"三全育人"专业知识、人文知识、管理学知识、心理学知识）、身心和能力等基本素质。高校"三全育人"工作者所需要的思想道德素质包括思想意识、道德品质. 政治素养以及高校"三全育人"工作所需要的积极的工作热情和高度的工作责任感；文化业务素质包括高校"三全育人"专业知识、人文知识、管理学知识、心理学知识；基本能力包

括教育、教学、管理、协调和科研能力，以及学习能力、表达能力；身心素质包括年龄、身体、精神状态、性格、心理等。其中，过硬的思想政治道德素质是最重要的素质。

1. 思想政治素质要求

高校"三全育人"工作者负责高校生的思想、学习、生活等各个方面，其思想和言行对每个学生有着潜移默化的影响，这就要求高校"三全育人"工作者必须具备过硬的思想政治素质。

（1）要具备坚定的政治方向。高等学校"三全育人"工作者应当具备科学的社会主义政治目标，坚定不移拥护党制定的发展路线，具备马克思主义理论知识和政策水平，并具有较高的理论分析水平。

（2）要具有坚实的政治理论素养。全面认识和掌握马列主义、毛泽东思想、邓小平理论、"三个代表"思想、科学发展观、习近平新时代中国特色社会主义思想的精神要义；要坚持党的基本路线、方向、策略，在政治上、思想上和全党保持一致，有很高的政治敏锐度和鉴别力；要规范执行宪法和法律规定，对中国的教育方向、政策措施等有较准确的了解，并能做出正确的解释。

（3）要具有社会主义理想人格。学校的"三全育人"工作者要建立马克思主义辩证主义和历史唯物主义人生观，要建立科学的社会主义人生观、价值观，不断开拓进取、勇于创新，正确对待坎坷与磨难，树立社会主义理想人格，要具备高度的社会责任心和敬业精神，热爱受教育者，热爱高校"三全育人"事业。

（4）要具有崇高的道德标准。"德高为师，身正为范"，高校"三全育人"工作者要注重自身良好品德的形成，不断提高自身修养，正确处理好国家利益、团体共同利益和每一个学生的切身利益，必须为人师表，带头垂范，勤奋作业，公平无私，严以自律，培养优秀的师德。

2. 管理能力素质要求

高校"三全育人"工作成效如何，关键取决于高校"三全育人"工作者能力素质的高低，高校"三全育人"工作者其他素质要求的最终落脚点也在能力上。

（1）团队管理能力。学校"三全育人"的领导者，不但要具有从宏观和全局上做出正确判断和掌控的知识，而且还要具有在微观层面上和具体环节上做出指挥和引导的能力，进一步明晰学校团体各部门的责、权、利，并学会优化配置学校各个项目中的人、财、物、信息、时间等资源，实现管理的科学化、规范化和制度化。只有这样，学校的"三全育人"工作者们才能在认真贯彻执行学校各种政策和制度的基础上，积极组织学生展开多姿多彩的文化学习生活和社区教育活动。

（2）教学能力。高校的高校生思想政治理论课教学既是一门学问，也是一门艺术。唯有保持科学性,并运用现实与逻辑的力量,内容才会具有说服力、震撼力与穿透力;只有讲求方法,重视教育规律,学会把课程用语、教学用语转化为鲜活的课堂话语,才能抓住学生的注意力,激发他们思考的热情和学习的兴趣。要高度关注教学模式的探索,定期举办公开课进行观摩切磋,利用集中备课交流经验,促进精品教育效果。

(3)语言文字的规范化工作与表述能力。学校"三全育人"工作者要能够熟练地掌握自己的话语,努力做到表述正确、严谨、通俗、生动活泼;要努力学会谈心交流、谈话、争论等的话语技巧,才能在公众场合正确表述自己的看法;要善于将自己的工作思路正确地用话语或文章表达,从而向上反映问题,向下开展宣传活动;要善于根据高校的学生思想现实和心理特点,开展个人谈心和说服性教育。另外,在实践工作中,学校的"三全育人"领导工作者也要掌握运用工作计划总结、调查报告、情况反馈、消息简报、经验总结等常用文体的写作技巧。

(4)获取知识的自学能力和科研能力。作为高校"三全育人"的一线工作者,必须拥有博大精深的知识储备。随着社会的发展,高校"三全育人"工作者要能够与时俱进,通过自学不断地丰富和完善自身的知识储备。同时,高校"三全育人"工作者还要不断提升科研能力,进而及时发现和解决工作中出现的新情况、新问题。

(5)综合分析判断。随着现代经济社会的日益发展,生活中的某些不确定因素也日渐增加,由单纯原因所导致复杂性后果的发生也随时都有可能出现,高等学校"三全育人"工作者与学生接触最多,会碰到很多根本无法进行应急预案备战的事件。因此,需要高校"三全育人"工作者必须经过长期在复杂环境中的实际训练,以培育和增强他们审时度势、敏捷反应、当机立断的领导才能。

3. 综合业务素质要求

当今社会综合性教育正在全面开展,面向认知层级较高、求知欲强烈的大学生,作为其身心发展的引路人和指导者,高等学校的"三全育人"工作者应当了解学生工作范畴的业内基础知识,具有较高的综合能力和各种专业知识技巧,丰富的认识结构和较好的专业知识储备,这些都是高校"三全育人"工作者进行学生管理工作的重要基础。

(1)完善的知识结构。高等学校的"三全育人"工作者要有较完善的知识结构,有比较系统的马克思主义理论知识、高校"三全育人"专业知识、从事高校"三全育人"事业所必需的基本专业知识,并努力学习和熟悉开展社会主义思想理论教育所需要的知识与能力,全面掌握社会主义教学基本规律,并具备较为渊博的社会与自然学基础知识,以及优秀的科学文化素质。

(2)学习教育知识,包括高校的"三全育人"、学生事务处理、学生成长指导等相关方面的知识,学生必须具备心理学、高等教育、伦理学、经济管理、法律、社会主义、职业发展指南等相关方面的基本知识与实践技能。

（3）要了解高校学生思想特点和心理特征，了解学校文化工作的基本原则、途径和基本知识，提高自己的专业知识储备，进一步增加自己的文化底蕴。

4. 健康的身心素质要求

高校"三全育人"工作者工作的性质，决定了高校"三全育人"工作者不仅要身体好，更应具备良好的心理素质。

（1）要具备强健的身体素质。健康的身体素质是工作进行的保障。高校"三全育人"工作者健康的身体素质即身体发育良好，功能正常，具有充沛的精力，能够承受住工作压力，懂得随机应变，能很快适应外界环境的各种变化等。

（2）要重视心理学基础知识的教学。高等学校"三全育人"工作者要不断学习心理学知识，加强心理训练，把握心理发展的基本规律，认识和研究自身的特点，完善自我意识，正确认识高校"三全育人"工作者角色定位，培养社会责任感和意志力，学习心理健康调节的手段与方式，培养正常的情绪反应能力和恰当的发泄方法，具有开朗的心情、沉着的态度，增强抗干扰意识。

（3）要强化心理健康教育意识的培训。学校"三全育人"工作者要了解心理健康疾病的典型症状、原因及处理方法等基本理论知识，强化心理健康教育工作才能的培育，才能在为学生提供心理健康引导的过程中及早排解自己心里的垃圾，以维护自身身心健康。

随着知识经济的发展和素质教育的推行，高校"三全育人"队伍在高校"三全育人"工作中发挥着越来越重要的作用。因此，根据高校"三全育人"工作者素质要求挑选和培训高校"三全育人"骨干，同时，高校"三全育人"工作者个体也要不断提高自身素质，建设一支信念坚定、业务精湛、专兼结合、功能互补的高校"三全育人"队伍，这是当代高校"三全育人"队伍建设的目标，也是高校"三全育人"队伍建设的基本任务。

（二）当代高校"三全育人"队伍建设的内容

高等学校"三全育人"建设的目的就是为了增强高校学生思想政治教育队伍的整体素质，优化高等学校"三全育人"团队的综合结构，从而不断增强高校"三全育人"的效果。所以，高校"三全育人"团队体系的内涵，从宏观上看，主要涉及团队结构、人员架构、招聘、管理、培训、管理制度、运行机制等层面；就中国高校的"三全育人"工作者个人发展而言，主要分为素质和能力两个层面。

1. 优化高校"三全育人"队伍结构

高等学校"三全育人"队伍结构，是指高校"三全育人"队伍内在所有组织成员之间彼此联系的稳定性方式。这是保证高校"三全育人"团队结构稳定性和运作有序性的内在基础。高等学校"三全育人"队伍组织管理和调节着所有因素作用的发挥，规范着所有因素的行为，使所有因素产生彼此联系和影响。因此，在同样的条件下，高校"三全育人"队伍的构成方式不同，其总体效果也会有所不同。

高校"三全育人"队伍的结构主要包括专业结构、学历结构、年龄结构、职称结构、性别结构和角色结构等。要优化高校"三全育人"队伍结构，提高高校"三全育人"队伍的"软实力"。

（1）调整学科专业结构。专业构成是指高等学校"三全育人"教师队伍中各个学科的人员比率。一种有效的学科组织设计，应该是各种学科人才根据工作的特点、目标，按一定的比例合理组成。学校"三全育人"队伍的学科构成也是动态变化的，必须主动地进行调整。

合理的知识结构主要指高校"三全育人"工作者所必须具备的理论知识、专业知识和辅助知识。理论知识主要是指要具有马克思主义的理论知识，即哲学、政治经济学、科学社会主义、党的建设和党的历史等方面的知识，这是高校"三全育人"这门学科的理论基础。专业知识主要是指要具有高校"三全育人"的基本理论和工作业务等方面的专业知识，同时还包括与高校"三全育人"关系比较密切的心理学、教育学、伦理学、社会学、法学、管理学以及行为科学等专业知识。辅助知识主要是指要具有历史学、语言学、逻辑学、文化艺术以及现代新兴学科等知识，还包括高校"三全育人"者所在单位的有关科学技术、生产、业务等方面的一般常识性知识。

高校"三全育人"队伍主要应由以下几类专业毕业的人员构成：一是高校"三全育人"专业毕业的人员；二是由与高校"三全育人"直接相关的专业，如中文、心理学、法律、艺术等专业毕业的人员；三是由与高校"三全育人"环境及工作对象直接相关的专业，主要是本校所设各类专业毕业的人员。同时，非高校"三全育人"专业毕业的人员也必须掌握高校"三全育人"专业的基本理论。高校"三全育人"专业毕业的人员也必须掌握一定的相关学科的专业知识。

新时代高等学校"三全育人"工作者的知识结构，应当是一种开放性的动态体系，要根据社会发展、科学知识创新、岗位任务的转变进行补充、创新和调适，以便使自身顺应经济社会历史文化的发展，更好地胜任高校"三全育人"的管理工作。

高等学校"三全育人"政策性、知识性、专业性较强，有着自身的特殊要求，高校"三全育人"教师队伍中既要有知识精通、管理工作经验丰富的第一线领导，又要有擅长做好党务、行政事务管理人员的领导班子。

（2）提升学历结构。学历结构是指在高等学校"三全育人"计划中的专业或学位的结构形式。学历反映一个人受到专业高等教育的水平，在通常情况下，它体现出一个人的文化学习程度。高校"三全育人"的对象是人。这就需要高校"三全育人"队伍具有较高水平的学历结构。由于各级管理人员的文化知识层次不同，对高等学校"三全育人"队伍的学历要求也应有不同的标准，不应整齐划一。但从高等学校实际出发，使高等学校"三全育人"队伍的学历结构在当前层次水平上，有一些较明显的提升是十分必要的。

（3）优化年龄结构。完善高校"三全育人"者的年龄结构，要培育和选聘政治坚定、服务过硬、作风扎实、有较高文化水平的优秀青年同志补充到高校"三全育人"部门，进一步优化高校"三全育人"教师队伍构成。同样也要注重充分发挥退休共产党员、老党员干部、老教职工、老职工、老劳模等同志的特点和优势。高校"三全育人"团队将形成由老、中、青三方按合理配比所组成的梯形架构，其中，中青年人才将占据绝大部分。这样的年龄结构，可以充分发挥各阶段人才的优点，增强教师队伍系统的综合效能，促进高等学校"三全育人"教师队伍的优化与动态平衡，保持高校思想政治理论教育师资梯队的稳定性与持续性。

（4）优化职称结构。职称结构，即学校"三全育人"工作团队中不同职务的人才的相对比重。一种比较优化的职称结构，一般应以中高级职称为首，高级职称、中高级职称、初中级职称相结合，构成科学合理的梯队。这样做，才能适应高校"三全育人"与诚信制度建设的需要，增强实效性。

2. 提高高校"三全育人"工作者的素质

政治素质是高校"三全育人"队伍成员从事高校"三全育人"活动所必须具备的政治条件和政治品质。政治素质是高校"三全育人"队伍成员应具备的最基本的素质，对其他素质起着支配和决定的作用，这就要求高校"三全育人"队伍必须具备过硬的思想政治素质。

（1）政治理论素养。全方位了解和掌握马列主义、毛泽东思想、邓小平理论、"三个代表"思想、科学发展观和习近平新时代中国特色社会主义的思想内涵；要坚持党的基本路线、教育方针、策略，在政治上、理论上和全党一致，有较高的政治敏锐度和鉴别力；要模范执行宪法和法律，对国家的教育方针、策略等有较准确的了解，并能做出正确的解释。

（2）崇高的政策觉悟。思想政治觉悟，是指人们所具备的信念、政策立场和政策观念等。成为一个高等学校的"三全育人"工作者，就应该有坚定的信念，在大是大非之前不撼动；就应该具有坚定不移的政治态度，始终站在党和人民的根本利益立场上；就应该建立马克思主义辩证唯物主义和历史唯物主义的根本观点，应该建立全心全意地为人民服务的宗旨和群众路线的根本观点，应该不断增强自身的政治思想觉悟和认识能力，努力搞好教育专业性管理工作。

（3）优秀的职业道德素质。职业道德素养，是一定社会的道德原则和准则在个人价值观和行动中的具体反映，是人在一贯的道德行为中所显示出的健康稳定的特性和趋向。因此，学校"三全育人"者，应当具有优秀的个人道德素质。首先，我们要建立正确的道德观念。这是我们事业的出发点和归宿点，教育和培养人的内在品质是一件充满希望但又非常艰苦的事业，"三全育人"队伍要确立"育人为本，品德为首"的观念，爱岗献身，忘我献身，忠于党的教育事业。其次，要拥有高尚的人格道德。"德高为师，身正为范"，高校"三全育人"队伍要注重自身良好品德的形成，不断提高自身修养，正确处理好国家利益、团体共同利益和每一个学生的切身利益，应该为人师表，带头垂范，勤奋作业，公平无私，严以自律，培养优秀的师德。最后，高校的"三全育人"在很大程度上就是在高校"三全育人"者的言传身教和示范作用下进行的，身为高校"三全育人"者，应当努力做到以身作则、行为统一、表里如一，而且持之以恒。高校"三全育人"者，唯有以优秀的道德品质展现在大学生眼前，才能获得大学生的衷心爱戴，也才能在大学生中产生更强大的影响力和号召力。

提高高校"三全育人"队伍的素质，加强学习培训是一条重要途径。通过组织各种形式的学习培训，帮助他们提高能力素养，增强政治敏锐性和政治鉴别力，增强做好工作的责任感和使命感。

3. 加强高校"三全育人"队伍的能力建设

做好高等学校的"三全育人"队伍建设，个体上要围绕提高高校"三全育人"工作者的教育素养与水平这个主线进行。高等学校"三全育人"队伍建设的核心问题，是提高高校"三全育人"队伍的素质和能力。高校"三全育人"工作者只有具备高度的政策自觉性、优秀的职业素养、科学的知识和较强的工作技术，才能保证高校"三全育人"的高效实施。高校"三全育人"工作者必须具备多种能力，主要包括以下几个方面。

（1）组织管理能力。在高校"三全育人"过程中，需要组织各种教育力量，以发挥教育合力的作用。所以，高校"三全育人"队伍要有较强的组织管理能力，能够协调各方面的力量；在收集、总结各类教育思想资料的基础上，制订具体方案并付诸实施；可以熟练、自主地举办各类高校的"三全育人"教学活动，如报告会、讨论会、总结会等。唯有如此，高校"三全育人"工作团队才能在贯彻执行高校各类决策和制度的基础上，积极组织开展丰富多彩的文化学习生活和社区实际教学活动。

（2）分析研究能力。人的政治思想意识看不见、摸不着，并涵盖日常生活的各个领域，随着现代社会经济不断发展，社会生活中的某些不确定因素日渐增加，这就对高等学校"三全育人"工作者分析问题、研究问题的能力提出了较高的要求。高校"三全育人"工作者需要在准确掌握各级政府的思想路线方针政策的基础上，密切关心社会民生，认真学习涉及政府各部门、社会各学科的专业知识，充分利用政治学、伦理学、社会统计学等专业的理论知识，分析调研高校学生的政治思想情况，才能够把握学生的政治思想意识现象的实质，有针对性地开展工作。同时，也能在复杂环境的实际锻炼中，训练和增强他们的审时度势、敏捷反应、当机立断的能力。

（3）语言文字的表达能力。学校"三全育人"工作者应能熟练地掌握自己的用语，做到吐字清晰、语言正确、言简意赅、诙谐活泼、逻辑缜密严谨；应努力学会谈心交流、谈话、争论等的话语方法，才能在公众场合上正确表述自己的政治思想，并善于进行讲话和宣传；要学会将自己的工作思路正确地用话语或文章表达，从而向上反映情况，向下开展教育；要学会根据高校学生思想现实和心理特点，开展个人谈心和说服教育。另外，在具体写作时，学校"三全育人"工作者还应掌握教育情况汇报、调查报告、形势反映、情况说明、经验总结等常规文体的写作技巧。

（4）研究新问题的能力。指导高等学校"三全育人"工作者，一方面要以马克思主义为指导，紧密结合现阶段高校"三全育人"的实际，积极开展高校"三全育人"理论研究。采取组织调查研究、总结交流经验、进行专项研究等各种方式，推动高校"三全育人"工作者钻研高校"三全育人"理论，不断提高高校"三全育人"工作者个人的效率水平、理论研究水平和写作能力。另外，广泛吸纳高校、党校、行政学校以及社科院等机构中思想层次较高、学术水平较高的专家学者，担任高校"三全育人"队伍的骨干力量，注重发挥外力的作用，提高高校"三全育人"队伍整体的研究能力，为新时期高校"三全育人"的实施提供知识保障和理论指导。

（5）沟通协作能力。高校管理是一项复杂的工程，"上边千条线，下边一支针"。因此，高校"三全育人"工作队伍要善于统筹高校上下、左右等方方面面的人际关系，既要经常与主管、任课教师、班主任等人保持着紧密的联络和交流，也要协调好与学生干部之间的关系。高校"三全育人"工作成效如何，关键取决于高校"三全育人"队伍能力素质的高低，高校"三全育人"队伍的其他素质要求的最终落脚点也在能力上。

4. 提升高校"三全育人"队伍的科学管理水平

高校"三全育人"队伍的管理，是指对高校"三全育人"者进行选拔、培养、使用和考核的过程。加强高校"三全育人"队伍的管理，对于提高高校"三全育人"队伍的整体素质，发挥高校"三全育人"队伍的整体功能，保证高校"三全育人"系统的正常运行，都具有十分重要的意义。

（1）做好选拔工作。一个合格的高校"三全育人"者必须具备从事高校"三全育人"的基本素质，并热爱高校"三全育人"工作。只有将一个个合格者选拔和充实到高校"三全育人"队伍中来，才能建设一支精干的高校"三全育人"队伍。

（2）优化培训机制。人与事都是处于变动状态，要确保高等学校"三全育人"工作与时俱进，必须加强高校"三全育人"工作者各项意识与品质的培育。其中很关键的一步便是进一步健全和完善岗前培训、学业安排、导师培养、选送生培训、实际训练和研究探讨等方面，逐步形成长效机制，并使这些机制实效得到最大限度发挥。

（3）正确使用人才。毛泽东曾指出"必须善于使用干部。领导者的责任，归结起来，主要的是出主意，用干部两件事"。因此，高校"三全育人"队伍正确地使用高校"三全育人"工作者，是高校"三全育人"队伍管理的中心环节。遵循任人唯贤、因事择人、量才适用、特性互补、信任爱护等原则，正确地使用高校"三全育人"工作者。

（4）健全考评机制。加强对高校"三全育人"工作者的科学考核往往是高校"三全育人"组织从事高校"三全育人"活动的中心，具有重要的导向作用。考核又是高校"三全育人"队伍管理的一项重要内容。它不仅是高校"三全育人"工作者晋升的依据，也是总结经验、发现问题、奖励先进、鞭策后进不可缺少的手段。

第二节 "三全育人"队伍建设现状与应对措施

一、高校"三全育人"队伍的现状分析

综合而言，目前高校生思想政治教育队伍是符合新时代事业的要求，具备较强战斗力的，其成绩毋庸置疑。不过也应当看出，在思想政治工作队伍建设上仍有某些不尽如人意的地方，而且整体素质相距新形势下所要求的标准尚有一段距离，因此必须进一步提高。

（一）部分教育者政治倾向出现偏差

少数教育者存在淡化政治的倾向，对马列主义不是真懂、真爱、真信；过分强调其课程教学的知识传授功能，而忽视其政治教育功能，甚至为了追求知识性而牺牲政治性。

（二）队伍思想观念与新形势下加强和改进高校"三全育人"工作的要求不相适应

在学校"三全育人"工作队伍中，有的教师习惯于陈旧的思想定式和工作方式，不重视研究新形势下存在的新状况、问题，也不善于创造性地进行思想政治教育工作；有的教育工作者事业精神和使命感不强，缺少充满活力，对管理得过且过，教学抓得不紧，思想滞后于时代，对学会使用最新的教育科学技术手段缺少积极性；有的教育工作者形式主义意识严重，管理针对性不强，不重视提高教学管理的实际质量和效果，缺少开拓创新的精

神，无法顺应教育形势的发展。

（三）队伍不稳定，后备队伍匮乏

在过去的计划经济环境里，"讲政治"高于一切，思想教育工作者成为光荣而崇高的职业，思想教育者得到社会的充分认可，而招聘与录用大多依靠行政方式。在改革开放以后，社会的选择功能越来越突出，我们能够从不同的角度来实现价值。在这样的社会氛围里，部分思想工作者觉得，思想教育工作者如果没有了曾经的社会荣誉，思想教育工作者一旦没有了往日的光环，那么思想教育工作者从事事业的底气就会不足。在教育行业也出现了这样的声音："十年经商成富豪，十年技术成高工，十年研究两手空。"由于缺乏进行理论知识教学的荣誉感与成功感，很多的理论知识教育者都心游神移，想方设法跳槽或转行。在当前状况下，中国当前的热点产业分别为电子类、医生、管理类、营销类等。从中发现，谋求个人利益的最大化，成为很多人挑选职位的第一考量。这也导致了队伍不稳定，后备队伍匮乏的情况。

（四）理论研究的水平较低

思想政治工作者对学校"三全育人"教学规律的深入研究相对单薄，富有针对性的、因地制宜的研究成果则更少。理论和实际两层皮，学校出现了假繁荣的幻境。科研论文成倍增加，但教育过程中处理问题的方法很少，效果不佳。而学校"三全育人"研究的方式单调，要么是国家政策文件引述式，要么是工作经验总结式，要么是调查报告式。研究内容的单薄大大降低了高校"三全育人"教师队伍的科学研究兴趣。

（五）工作环境不够理想

有的院校对教学科研和行政服务方面很注重，并未将高校生思想政治教育放到合理的位置；有的院校忽略日常思想政治教育的学科特点，不注重教学训练工作，对加强思想政治教育教师队伍的组织意识不强，力度不够；有的院校日常思想政治教育者地位不高，薪资条件较差，导致教师队伍进取心不强。

（六）队伍的发展机制有待完善

队伍的发展机制有待完善主要表现在高校"三全育人"工作者个人发展的保障机制尚未完善。主要有以下几个方面表现：

1. 高校"三全育人"队伍特别是高校一线辅导员的发展前景不明朗，一些高校在高校"三全育人"工作者在职称评定、职务晋升等方面没有建立或完善相应的制度。

2. 思想政治理论课师资的培养体系不完善。思想政治理论课的地位与特色要求教师应该专业知识全面、经验丰富，并经过教学与训练，进一步开拓新思路、增强创新意识、满足创新需要。不过，目前一些院校给这部分教师安排的深造、研修时间很少。

3. 高等学校的"三全育人"队伍特别是一线教师的待遇有待提高。教师是推进高等学校"三全育人"活动的中坚动力，是高等教育学生健康成长的指路人、引路人。在为社会培育高层次人才的活动中，高等学校教师队伍付出了艰苦的努力与汗水。不过，从目前来看，高等学校教师的整体收入水平与同等学历人员的整体收入水平相较偏低；而且不少院校的辅导员，尤其是专职高校辅导员，由于工作现状机会不多，且岗位升迁也比较艰难。因此，竞争主要部门领导职务的可能性还很小。工作质量和工作时间、效益之间的巨大反差严重冲击了他们的工作积极性，从而干扰了整个高等学校"三全育人"工作队伍的稳定性，对整个高等学校的安全运行造成了一定的影响。

因此，新的形势和科学发展观的新要求，迫切需要高校建立一支专兼结合的"高素质、高能力、高水平"的思想政治工作队伍。这不仅是加强和改进高校"三全育人"的组织保证，也是提高高校"三全育人"实效性的关键。

二、加强高校"三全育人"队伍建设的措施

（一）加强对高校"三全育人"队伍的思想教育

1. 强化政治理论教育

高等学校要根据新形势与新发展的要求，创新教育观念，积极开展思想理论知识教学与训练，并通过举办教师训练班，提升高校"三全育人"的有关政策理论的总体水平和教学教研方面的能力，进而增强高校"三全育人"教师队伍的全方位素质与水平，确保教师队伍树立坚持马克思主义在意识形态领域的主导地位的观念；树立中国特色社会主义共同理想；树立以爱国主义为核心的民族精神和以改革创新为核心的时代精神的理念。

2. 强化奉献精神教育

高校"三全育人"的任务工程量大，工作时长，内容烦琐，责任重大。面对这些情况，学校要对高等学校"三全育人"加强理想培养、价值观教育，培养学生热爱教师事业、敢于献身的精神，并鼓励他们在培训和教导学生的过程中实践自我人生价值，以体现行为世范的崇高使命感和光荣感。

3. 强化社会实践教育

"实践出真知"，实践对高校"三全育人"队伍素质的提高具有决定性作用。高校"三全育人"的许多知识和能力只有在实践中才能获得，并得到锻炼和提高。因此，高校

"三全育人"要在坚持正确理论的指导下，加强实践锻炼。高校要组织高校"三全育人"参加社会实践，通过深入企业、乡村、部队和省内外兄弟学校，熟悉国情，掌握现代教育中存在的新状况、新问题，学到新时代思想政治理论课教育中的成功经验。广大高校"三全育人"工作者要敢于实验，勇于实践，利用学到的理论知识，结合自身的教学工作，在实际中总结经验，逐步将其条理化、系统性、理论化，从而增强自身的教育能力和教学实效性。

（二）明确高校"三全育人"队伍的建设目标

1. 学历结构目标

担任高等学校思想政治理论课教育教学工作的教师要取得普通高等教育硕士及以上学历。其中，引进高校应届毕业生担任教育教学管理工作的，要具备教育学硕士学位；参加高等教育"三全育人"工作的，要具备高等教育硕士及以上学历。对尚未获得以上学历的在职高校教师，应当采取在职攻读硕士等方法提高学位。

2. 职称结构目标

应建立合理的教师职称架构，即由相当数量的教师、副教授、主讲、助教等构成，建立一种橄榄形的稳定框架，副教授、讲师应占多数，以建立一支较有优势的院校思想政治理论课教师队伍。

3. 专业结构目标

马克思主义理论专业的教师应该是中国高等院校思想政治理论课教师队伍的主体，特别是长期担任思想政治理论课教学工作的，教师应该占大多数；与高校学生专业能力相一致或相关学科的教师，可在参与学校"三全育人"工作的教师队伍中，占相应比例。

4. 年龄结构目标

高等学校的思想政治理论课师资队伍要实行老中青结合，其中，中年和青年师资要占绝大部分。

（三）加强高校"三全育人"队伍的制度建设

高校必须根据学校思想道德教育管理工作的科学性、程序化、规范性的需要，积极建设和健全各种制度，增强高校"三全育人"队伍的规范性、制度化管理水平，积极探索建立激发高校"三全育人"教师队伍主动性和可持续发展意识的长效机制。

1. 要从战略高度认识思想政治理论课的重要性

高校领导必须认识到思想政治理论课教育教学，是保证社会主义办学方向的根本。要杜绝思想政治理论课"说起来重要、做起来次要、忙起来不要"的错误思想，要实实在在地重视思想政治理论课教育教学，及时解决高校"三全育人"在实际中遇到的各种问题。

2. 调整思想政治理论课的教学机构与管理机构

要理清思想政治理论课教育教学的责任体系，体现学校对思想政治理论课教育教学工作的重视。以西南师范大学为例，该校在 2000 年 3 月将思想政治理论课教学部与原政治系合并，组成政法学院，学院下设马克思主义理论教育系，具体承担全校思想政治理论课的教育教学工作。这在一定程度上使得思想政治理论课专职教师有了相应的专业作为依托，拓宽了高校"三全育人"工作者的发展空间，调动了他们从事思想政治理论课教育教学的积极性。

3. 坚持标准，改善结构，严格高校"三全育人"选拔制度

高等学校应充分考虑到思想政治理论课的教育工作，一方面要从严把好入口关，贯彻人才并重的方针，根据提升整体素质、完善教师队伍构成、专兼融合、职业互补、信念坚强、专业技术娴熟的特点，积极选择思想道德品质高、政治思想品德好、管理专业水平高、团队建设意识好、擅长从事党群工作的党员教师来从事高等教育"三全育人"工作，另一方面拓宽教师队伍渠道，积极面向全社会选聘优秀人才，在教育选拔工作中注意专业交叉，完善教师队伍构成，提升教师队伍的战斗力，以应对社会日益多变的新情况。

4. 完善教师职务聘任制，引入竞争机制，形成竞争上岗的局面

《中华人民共和国高等教育法》规定，在高等学校推行聘用制。实行聘用制主要是把教师职称评定和职位聘用区别开，在具有一定工作能力的教职工中，选拔优秀教师从事一定工作。规定高等学校必须要大力推行教职工聘用制，也规定高等学校的"三全育人"教学工作者必须全部和人事部门签订工作合同，并确立了他们工作的重点目标是开展思想政治理论课的教学工作，以便保证思想政治理论课的教学工作的成功进行。同时，唯有采取真正意义上的干部聘任制，打破岗位终身制，才能形成人才竞争上岗的现象，从而一方面吸引优秀人才，另一方面又把富余人才流动出去，确保高校"三全育人"教师队伍的整体水平和素质，并推动教师队伍整体信息化程度的提升。

5. 建立完善利益机制，保障高校"三全育人"队伍的福利待遇

按照国务院的统一要求和规定，高等学校应在科学合理分配"三全育人"职员工作量的前提下，科学制定收入分配制度调整的具体实施建议，进一步健全工作责任、技能和绩效的激励机制，加强对高素质人才的配置倾斜力量，切实保障高校"三全育人"人员队伍中各个层面的基本福利水平，以确保高等学校思想政治理论课教学实效性。

第三节 高校"三全育人"格局体系构建

在高等学校思想政治理论教育工作顶层设计上，确定了全力形成"三全育人"局面是打通高等学校教育管理工作的关键环节。高等教育工作要紧紧围绕新时期党对思想政治工作的新要求，科学形成了"三全育人"的工作体系框架。

一、新时代高校"三全育人"的现实困境

（一）育人机制不健全，育人资源尚未得到有效整合

学校"三全育人"缺少高效的协作方式。尽管高等学校在课程育人、科学育人等十大教育管理体系中高效展开教书育人工作，但基本限制在某一范畴和区域之中，社会、家长和院校等各层面的多元化努力并未充分进行，各类资源并未充分发挥其整体作用，部门协作壁垒现象依然存有。另一部分，高等学校"三全育人"的保障制度尚不完善。"三全育人"的新教育体制不仅表现在教育思想的创新，也表现在对教育主体、育人渠道和主体意识等教育保障方面的不断创新。例如，在2020年春季，新型冠状病毒仍未得到有效防控以前，各高校学生均不得回校，需要使用网上课堂进行教育管理工作。新形势下，不少院校的网上教学准备时间不够，教学效果参差不齐，严重影响了学校人才培养效果。目前，许多院校正面临着教育基础水平不够、教师队伍的整体素质需要进一步提高，教育平台创新不足，教育经费不足、教育措施与管理机制比较落后等困难，在一定程度上影响了"三全育人"的效果。

（二）育人实践维度缺乏创新，不能满足人才培养需求

高校"三全育人"实践缺乏创新，主要体现在高校育人参与度高，社会家庭参与度低；全员育人的格局基本形成，全过程、全方位育人格局有待进一步完善和构建；课程、实践以及文化育人相对充分，科研、心理以及组织育人等育人实践还有待加强。总体而言，"三全育人"的三个维度存在不平衡不充分问题，育人主体和时空维度也各自存在不平衡不充分问题，育人体系之间存在不平衡不充分问题。另外，育人供给端不能满足人才培养的需要，育人实践内容和形式创新不够。例如管理育人重管理轻教育，资助育人重资助轻引导，课程育人的形式和载体过多依赖课堂，科研育人在实践层面主要体现在对学生

科研能力的培养，而对学生科学精神、学术风气和爱国精神的培养明显不足，实践育人的整体层次和质量偏低，教育客体参与度不高，覆盖面不广，从而弱化了实际育人成效。

（三）育人缺乏科学评价机制，人才培养全程化和有效性受到制约

"三全育人"的建设缺少科学合理标准。"十大教育系统"的建立涵盖各个层面，包含教育的内涵要求、能力发展要求、教育效果评估标准和教育的基础保障水平等相关方面，从目前状况来看，高等学校"三全育人"还面临培养内容多样化、能力发展主观化、教育评估随机化和保障水平不完善的难题，上述相关方面出现了不足，将对"三全育人"的实效性产生很大的限制。同时，"三全育人"还缺少高效机制，主要表现为没有形成标准化的教育目标清单、任务清单等。没有具体的教育评估和监督指标，信息通报、校务公开等机制尚需逐步健全。上述现象的出现，导致人才培养的全程化与科学性都受到了相当程度的限制。

二、科学构建新时代高校"三全育人"的格局体系

全面落实"三全育人"重大政策的落实，就要坚持问题导向，认真总结高等教育的思想理论与教育实践经验，同时根据新时期、新条件以及高等教育阶段学生的各自特点，按照教师教书育人的基本规律、学生发展基本规律、思想政治教育基本规律，积极探索并形成新时期高等教育"三全育人"的基本格局模式。

（一）强化协同联动，完善"三全育人"协同机制

1. 党委与行政工作协同

强化党组织对学校工作的整体引领，进一步实现了党组织在学校管理工作中"把方向、管大局、做决策、保落实"的主导作用，同时也要加强党组织对高校在推进立德树人的思想建设管理工作中的全面引领，进一步充分发挥了其总揽全局、统筹兼顾各方面管理工作的核心地位。进而扫清障碍，进一步深化"大思政"模式下各工作单位的联席会议机制，努力建立"三全育人"工作实践中"一点就通、一拨就灵"的综合工作协同体制，逐步形成由党组织统筹组织指导、党政齐抓共管、责任部门进行协同、各机构划分责任的运行体制，防止在立德树人建设中发生意见不一致、行动不配合的局面，做到在工作协调中上下互动、同频共振。

2. 思政课程与专业课程协同

高校思政课是本科生思想理论教育的主战场，要努力增强思政教学的有效性。同时，

也要真正转变以往重思政教学轻专业育人的局面，进一步发掘专业课程的德育元素，发挥专业课程的教育作用，形成"大思政"体系。构建思政教育课程与专业课程的合作关系，实现思政教育课程与专业课程的协调发力，建立思政教育学科和专业课程在德育方面相互依托、相辅相成的格局机制。将立德树人思想渗入各学科之中，渗入到教书育人各个环节，促进思政教学和课程育人协同前行，交相辉映，共同构建现代教育的大格局。课堂内部与课堂外部协同，要真正改善只重视课堂教学而忽略了课外活动育人功能的"两张皮"状况，要打通教育整个环节，课堂内部重在课堂教育，课堂外部注重实践教育，高效集成课堂内外部教学资源实现高校学生能力素养的全方位发展。"第二课堂"是高校学生生活的重要组成部分，要充分发挥"第二课堂"的教育功效，积极支持高校学生实践活动、社团活动、校园文化交流活动等。主动挖掘高校学生课外活动中的育人载体，多维度开发利用和集成教学资源，做到课程内外沟通互动，协调一致，将立德树人渗透到高校学生课外活动各个环节，做到全员、全过程、全方位教育。

3. 学校、社会、家庭与学生协同

要认真转变当前我国"家长依靠学校教育，学校教育归咎家长"和"学校教育脱离社会，社会指望学校教育发展"的教育现况，要在全面整合校园人力资源的前提条件下，充分运用社会、家长等各层面的教学资源，深度发掘家庭教育、社会教育资源，充分发挥学生自我主体，激活高校学生成长成才动能，切实实现"学生努力，家庭沁润，学校培养，社会参与"的"四位一体"教育模式，推进"个人一家长一校园一社区"教育互动体系的构建，积极探索和完善高校整体性、系统性的教育长效机制。

(二) 坚持问题导向，创新"三全育人"实践模式

1. 坚持"三全育人"理念，创新人才培养模式

实现立德树人的根本目标，就必须将发展思想理论教育贯穿到教育办学治校、教学的各环节，形成制度完善、功能完备、程序科学合理、质量保证得力、效果显著的"三全育人"人才培养模式。"三全育人"培养方式坚持以理论建设为指导，以培育有思想有能力、有作为的新时期高校为宗旨，以十大育人体系为基础，以统筹规划管理机制和组织实施机制创新为关键，以队伍保障、资金保障和措施保障为基础，着力克服高校思想政治工作的不均衡、不全面等问题，促进知识教育、技术培训与才能提升的有机融合，畅通教育育人的"最后一公里"。

2. 推进"三全育人"实践不断守正创新，确保育人质量取得实效

要在构建课程育人、科研育人、实践育人、文化育人、网络育人、心理育人、管理育人、服务育人、资助育人、组织育人等十个方面深入探索，不断创新。实施"课程思政"

行动计划，探索"思政课程"到"课程思政"的课程育人新路径。建立科研育人导向机制，把思想价值引领贯穿科学研究的全过程。构建社会实践长效机制，引导学生增强社会责任感和创新意识。实施文化浸润工程，推进优秀传统文化、革命文化育人工程和社会主义核心价值观教育典型案例引领入脑入心。利用新技术新媒体，推进"互联网+思想政治教育"建设。坚持育心与育德相结合，努力构建心理健康教育工作新格局。提高各类干部服务管理育人能力，把育人功能发挥纳入服务管理岗位考核评价范围。培育建设发展型资助的育人示范项目，切实发挥各类党政群团组织的育人纽带功能，确保"三全育人"取得实效。

3. 发挥育人主体的积极性、创造性，激发基层"三全育人"实践创新活力

"三全育人"实施要尊重基础革新，走好人民群众利益的路线。高等学校开展"三全育人"各项管理工作，不但必须依赖全体师生去尝试革新，也必须依赖全体师生去实现。要主动地建立高等学校党政领导干部团队、教师队伍、辅导员队伍、学生团队、高校党支部书记队伍等五支思想政治团队的协同育人管理机制。同样，高等学校要建立思想政治理论课教师团队和辅导员团队的沟通管理机制，建立思想政治工作者和学科教师沟通管理机制，学生和教师沟通工作机制等。强调"自上而下""自下而上"之间的多次尝试与不断调整，既要激励基层教师有打破常规的创新性思维，也要鼓励学生创新。支持教育主体在全方位全过程教育中不断进行角色的转变、岗位目标的改革、培养模式的转变，最大程度调动基层单位的革新积极性，促进"三全育人"形成合力，走向深化。

（三）完善制度标准，构建"三全育人"评价管理体系

1. 不断加强全员育人主体的科学评价管理体系建设

围绕学生获得感和认同感，规范评教、评管、评价的"三评"管理制度，继续拓宽测评覆盖面，强化测评针对性、实效性、有效性，逐步形成学校全员育人主体的有效测评管理体系。以总工作量确定、分级绩效激励等评价手段结合的学科教师管理机制。按照不同专业的分类绩效评估制度，形成人员分级评价激励机制。继续完备技术岗位聘用与岗位聘任机制。积极推动服务部门深化改革，推动以科学评价为指导的服务评价制度建立，形成业务单位的工作绩效和育人态度、质量、服务成效相关的评价制度。

2. 不断加强高校生全过程成长评价管理体系建设

要以学生的成长成才流程为主线，建立以学生的思想道德素质、创新发展、学术水平与社会实际能力等相关方面转变和提高的综合测评系统建设。评估系统要根据学生在各个学业阶段的发展特征，通过将定性评估与量化评价有机地结合的方法予以综合评估。由学校采取分级、赋权和量化处理，以定量和定性的方式输出学生的综合素质情况，并强化对

学生全过程发展成才评估结果的使用，以发挥正向指导的功能，从而实现学生成长评价全程化指导。

3. 不断加强育人工作全方位评价管理体系建设

坚持以学生的全面成长为考核宗旨，以高校现行的"十大育德"系统为依据，汇总概括高等院校各学科专业、各职位、各阶段的教育要素，并将其列为高校"三全育人"总体管理制度设置的主要考虑方面，探索建立适应新趋势下高等学校落实立德树人基本目标对全面教育需要的评估指标系统，推进"三全育人"工作的制度化开展。考核评估机制将深化评估高等教育各学科、各部门、各阶段的协同教育成效，强调学习教育与实际育人成效考评，促进教育各阶段的协调发展，进一步促进高等学校全面教育的开展。

三、以山西医科大学药学院为例："三全育人"打造思政课程新"配方"

近年来，山西医科大学药学院坚守立德树人初心使命，依托学校省级首批"三全育人"综合改革试点高校，建立"课程思政立德铸魂、社会实践增技强能、样板支部辐射示范、教师队伍三力提升"的多维度全方位育人体系，全面构建学院"三全育人"大格局，目前已取得显著成效。

（一）打造多维实践教学平台

药学院通过开展党政"领导干部上讲台""党在我心中知识竞赛"、"战疫班会""不忘初心跟党走"主题党团日活动，不断深化理想信念教育，汇聚育人合力。其中，2019年，教工三支部荣获"全国党建工作样板支部""全省高校党建工作样板支部"称号；2020年，学院党委荣获省级先进基层党组织，并在同年实现了教师党支部书记"双带头人"配备全覆盖。

目前，学院正依托中药标本馆实践教学团队，深入实施"一院一品"，打造育人特色，建立了多维实践教学平台、教师——学生联合体。学院还充分发挥高校生的主体作用，逐步将中药标本馆打造成集专业学习、社会实践、思想教育、文化传承于一体的文化新阵地。

在《医德教育实践》课程中，"中医药发展概论"的教学任务由师生共同承担，提高了学生的认知水平。在学院实施课程思政中，专业课程有机融入药学思政元素，如学科创建史、青蒿素发现发展历程、杰出校友创业史典型案例等，全方位深化课程思政改革，提升课程育人针对性。2018年至今，学院多个教学团队连续获批国家级、省部级教学研究项目、校级思想政治工作精品项目多项。2020年，学院荣获多项思想政治工作优秀研究成果奖；同年 10 月，《医德教育实践》获批国家一流本科课程（实践课程）。

（二）多领域强化思政体验

近年来，药学院通过到医疗机构见习、去药监院所轮岗、在制药企业集训，感知社会发展态势、了解行业发展需求、定位专业发展目标；通过临床药学服务、医院制剂研制和创新药物研究，培养"患者至上"服务理念，强化"恪守底线"道德规范；通过教学科研成果转化与高校生双创大赛、药苑论坛、暑期"三下乡"等项目活动相融互促，投身扶贫攻坚、承担资源普查、提升团队合作，培育学生成长成才，推进社会实践育人，多领域强化思政体验。

此外，学院还通过每学期思政队伍专题培训提升队伍政治力，通过每月举办学术沙龙提高队伍创造力，通过每周举办工作例会提升战斗力，通过开展支部书记与学生"面对面"、青年博士担任学业辅导员、邀请杰出校友回母校进行职业规划指导，全员联动，形成立体化学习。

（三）多维度、协同的育人队伍建设新格局

近年来，药学院通过深化"三全育人"综合改革，培养了一批高素质药学专门人才，涌现出一批青年才俊。2019 年 11 月，博士生高伟祺获全国药学服务经典案例一等奖、省级医院药学服务经典案例竞赛一等奖；2020 年，博士生曹玲亚团队荣获"互联网+"国赛银奖，硕士生姜峰"红潞参"团队荣获"挑战杯"国赛银奖及省赛银奖等荣誉，硕士生左恒通获全国数学建模竞赛省赛一等奖等荣誉。一批批山西医科大学药学院的毕业生扎根山西，驻守家乡，成长为药学领域的栋梁。

第四节　导师队伍建设：书院制与"三全育人"的融合与发展

近年来，随着中国教育体制的进一步变革，更多的院校开始进行学院制培养方式的尝试探索。在学院的传统教育方式下，实行本科生导师制，为学校提供由本科生、硕士及专业博士担任的导师，并给予学生从理想信念、专业成长、创新等多方位的培养与支持，以有效发挥学生导师作为学校教育主人的功能，培育学生独立意识和创造性，推动学生的多元化成长，从而提高学校培养效率。因此，深入研究学院制管理模式和全员全程全方位（"三全育人"）及导师制的教育方法和效果，对于创新高校教育体制改革和提高人才培

养效率，具有重要现实意义，本节选取北京理工大学作为案例进行分析。

一、研究背景

现代高等教育的住宿学院制度在国内许多院校中进行了试点。近年来，中国一流院校开始实施学院制度高等教育改革。

（一）学院制教育改革主要具备以下三个特点：

1. 建立以通识课程为核心内容的博雅教育体系（通识制）；

2. 建立以住所地域为单元的学院社区（社区制）；

3. 建立全员育人合力的导师制（导师制）。

书院制度延续了我国古代学校的传统文化特点，并结合了新时代中国高等院校的发展要求，是中国高等教育培养方式与学校管理变革中的制度性产物。

（二）步入21世纪以来，清华、北大和部分省市院校也开始在分院系探索实施本科生导师制变革，并实现了初步成效。导师制变革提供给本科生大视野、多层次、高素质的教育引导，也切实提高本科生的整体素养水平，是提高学生素质与人才培养质量的基石，是学院制发展的"魂"。所以，实施书院制改造的院校都是在强化书院、学院"双院联合"的基础上，对本科生设置学习、文化、科技、生活等多种类型的教育指导。导师们以书院社团为载体举办专业演讲、学习培训、生活沙龙、生涯规划等一系列活动，提高了学生的专业兴趣、激发了学生的独立思考意识、推动了学生的个性化成长。

（三）导师制有利于建立教师学生的良性交流，进行全方面教育，促使学生健康成长。不过，导师制在实际开展过程中也会存在着导师定位不准、教学积极性不高、工作内容形式单调、与教师联系较少、个性化教育难以实现，以及"双院联动"不牢固等问题。主要因素概括为：

1. 导师制的含义还相对含糊；

2. 师生共同愿景严重错位，传统的"重科研轻教学"的习惯思想普遍存在；

3. 对导师的选拔、考评、激励体系并不健全。

所以，学校在开展导师制的进程中不仅仅参考了国外导师制的实践经验，还应该全面根据办学特色与本校实践开展导师制的本校化，并通过进一步探讨导师制的辩证理论和互动实践的合作机理，进一步探索实施途径，以凸显学院制度和导师制的协同教育特点。

二、北京理工大学书院制及导师制的探索与实践

2018年，北京理工大学（下文又称"北理工"）根据立德树人的根本宗旨，重点推

动了大类管理和大类教育变革事业，设立了精工书院、睿信书院、求是书院、明德书院、经管书院、知艺书院、特立书院、北京书院、令闻书院这九个学堂，实施了学堂制度改革。北理工大学的教育模式以书院、学学院为组织机构，秉承以学生为本的教学思想，进一步推进价值培养、知识训练、实际技能"三位一体"培养方式。同时，学校依托北京理工大学良乡分校建设"一书院一社区"的"家"的教育领地，积极打造具有书院学习、教师导学、教育指导、读书艺术展览会、社区活动、心理健康指导等特点的新教育模式，以多角度、多层面的教育导向，把科学发展导向贯彻知识技能教育全过程。为完善书院制度管理，保证学院培养质量，北理工在学院的管理模式下实施"三全育人"导师制，开展全员整体过程个性化教育。根据相应的教师比例，对本科生设置了学业指导、学育指导、德育指导、朋辈指导、通识指导和校外指导等六类指导。通过将专家学者、领导、教师资源等导入学校教育管理中，把优秀教师资源转变成学校优秀教学资源，逐步建立起学院制教育管理模式的主体教学团队，通过进行理念引导、人文关爱、专业引领、学术指导的管理方式，把学校教育和专业知识紧密结合，努力培育"胸怀壮志、明德精工、创新包容、时代担当"的人才。在开展和落实导师制的实践中，北京理工大学根据自己办学实践开展了导师制的本化，建立了北京理工大学独具特色的"三全育人"导师制，并最终达到了以下的目标。

（一）双院协同，形成育人共同体

北京理工大学根据各校区的办学实践，不断完善学院制教育管理模式，贯彻学校管理原则，区分教学管理主体，同时进行学院建设，使书院联席委员会机制成为学校最高决策机制，以促进书院与学院的相互配合、充分发挥双院协同教育效果。在学院的高度重视和双院协同教育的新形势下，2018级和2019级学生的书苑导师资源获得了有效保证，导师配备人员数分别为1313人和1556人。"三全育人"中导师和学生之间的相对比例，实质上就形成了学校教师之间的导学关联，而这个关联相当程度上影响了学校教师未来的学科选择，从而倒逼学校协调优势教师资源到导师团队中。学院需要导师资源，而书院需要学生教育资源，因此双院需求之间也产生了良性的动态平衡，形成了书院教育的利益共同体。

（二）推进深化，"三全育人"效果凸显

北理工还建立了"三全育人"指导教师制具体实施规定，确定指导教师工作任务目标，推进"三全育人"指导教师制的扎实推进。至2019年，学校各指导教师平均每年举办导学模拟讲座五百余人次，在各种导学模拟课程中，学生的专业知识能力得到全面培养，各种技能也得以训练与提高。高校生科技创业培养计划建设项目（以下简称"大创项

目")是学生在"三全育人"教师引领下进行的科技创新实践活动,是在校高校生进行技术创新能力的主要途径。2018年与2019年,高校生申报"大创"工程项目分别为564项和784项,与2017年相比均有增长,通过实行"三全育人"导师制,高校生参加科技活动的热情也得以显著提高。

(三)教学相长,构建师生良性互动

自开展"三全育人"的导师制改革以来,北理工各学院形成了相应的导师交流平台与导师教育活动品牌,导师和学生有序地进行各种导学教育活动,克服了第一课堂的缺陷,达到了较好的教育教学与实践成效。以睿信学院为例,开展了诚信大讲堂、Facetime导师见面等教学活动,指导教师利用小规模演讲和报告形式与学生深入互动,受到了同学好评。此外各学院还借助社会等平台进行了各种科技创业实践活动的导师双选,通过导师指导学生进行创新性实验教学活动,增强学生的研发能力,从而推动了导师的科研工作。

(四)完善机制,提供制度支持保障

自从开展书院制这项改革以来,短短两年时间,北理工前后发布了《北京理工大学书院制育人工作实施方案》《北京理工大学书院学院联席会议议事管理规定》《北京理工大学"三全育人"导师制实施细则》。2020年,又发布了《北京理工大学"三全育人"导师工作规范(暂行)》,提出了"三全育人"导师理念、两个促进、三项原则、四条标准、五个结合、六类要求的导师工作规范,明确了导师的选聘、培训、考核、激励、退出机制,其中较为明确地规定了每个学院都应将"三全育人"导师工作纳入教职工年度考核绩效。

三、北理工"三全育人"导师制的启示与思考

北京理工大学在学院制度改革的探讨与实施中,不断丰富学院制度内容、健全各种规章制度,建立了北京理工大学独具特色的学院制制度管理体系,最终摸索出了符合北理工的办学特色与教育目标的"三全育人"导师制,对国内高等教育探讨与落实导师制,促进本科生教育创新,带来了如下三方面影响。

(一)健全导师制制度体系

没有了制度的规范与保证,学校导师制往往会步入泥潭,举步维艰,教师育人工作的有效性也将受到一定限制。而高校导师制的实施必须在具体实践环节中进一步健全和优化政策框架,涉及三个领域。

1. 做好顶层设计，统一政策意识，提升教育关注度，明晰工作职责，建立教学指导工作的统筹机制，整合学校师资、场地、经费等资源，确保社区导学的基础搭建和学校导师制的实施推进；

2. 由人事、学工、教育等各单位联合出台指导性办法，把学校运行机制、评估要求、奖励政策等集中融入制度文件中，后续高校要做好评价考核，以提升教职工参加教学指导工作的主动性；

3. 由学工、高校、书院联合履行教学任务，重视"三全育人"导师制的有效开展，并且依靠学生科技创新、班级活动、德育"开题—中期—答辩"等教学活动，增强"三全育人"导师和学校学生主体间的相互沟通。

（二）加强书院、学院双院协同育人

双院协调教育，在相当意义上决定着"三全育人"导师制的执行结果。

1. 成立双院"三全育人"导师事务组，发挥书院、学院会议机制功能，增强导师的书院和学院的双重身份，实现书院育人"主人翁"意识；

2. 构建良性的双院系期间导师与学生教育资源的均衡，利用双院系社区平台，强调导师的陪伴、引导师生共同体建设；

3. 协同发展的全人教育，通过跨学科互动、多元化发展、人文传播等，实现多院办学文化共建、多类导师教育引导的育人优势。

（三）丰富"三全育人"导师制内涵，创新工作思路

"三全育人"导师制根源上是教师相互之间形成良性的导学联系，各个教师的职责不尽相同，共性的特征是人际关系密切，从而充分发挥导师制的能效，也利于学生的全方位成长。在完善导学根基上，打破传统的分配制和单纯的教师和学生间"1+N"的单纯结合，革新"三全育人"指导教师制的操作理念。实施方式主要是：

1. 提高学生挑选教师的自由程度，学生能够根据学科兴趣爱好并根据导师的学科技术研究、个性吸引力等加以自主挑选；

2. 各种教师相互之间的成组导学，如学育教师、朋辈教师、学生相互之间的"1+1+N"相互结合，促进学生教师的联合督学，从而增加学生的主动参与性；

3. 引入博士生"导师"，在导师与本科新生中间引入博士生，形成"教授+博士生+本科新生"的"1+N+N"同进步共发展的引学合作关系，有效缓解了导师人才缺失，学术负担重的情况，同时也充分发挥了博士生的学术、科创事业的指导作用。

北京理工大学推行书院制度至今，已建立起打破学科隔阂的通识教学课程体系，并形成了以集体住宿制度为核心的学生社区建设模式，已初步建立起各有不同的学院社团教育

体系，"三全育人"导师制在培养中的效果初显。未来，由于"三全育人"导师制内容的不断丰富，配套制度体系的完善，加之教育、行政等方面的互动协作，北理工学院制管理模式下的"三全育人"导师制教学模式将日益完善，可以激活"三全育人"导师的巨大教育创造力，进一步提高他们的素养水平，以完成高校培养任务。另外，北理工学院制模式下"三全育人"导师制的创新，也将给中国高等教育学院的发展带来方向，为创新型培养模式的发展带来全新思路。

第五章 "三全育人"创新建设路径

目前，我国在校大学生包括专科生、本科生和研究生的数量持续增加，想要把数量庞大的大学生群体培养成中国特色社会主义事业的建设者和接班人，很重要的一点就是要通过合理的组织形式凝聚在校大学生，把他们统一到现代高等教育的框架之中。历史经验告诉我们，党组织、团组织、班级、社团以及学生会是学校大学生组织的有效形式，并且这些组织在我国各学校具有比较深厚的历史基础，是我国大学生组织建设的重要切入点。党组织是凝聚优秀大学生并发挥其在学校"三全育人"中骨干带头作用和先锋模范作用的战斗堡垒；团组织是在教育、团结和联系大学生方面由先进青年组成的群众组织；班级是大学生自我教育、自我管理、自我服务的主要组织平台；社团是学生参加社会实践、提高自身综合素质的重要渠道；学生会是学生参与学校事务，提高个人组织能力的平台。在高校"三全育人"中，这几个工作做好了，才能促进高校"三全育人"工作的开展。

第一节 "三全育人"建设的组织路径

马克思认为，人在其实质上"并非一个体存在的抽象物，在其现实性上，却是所有关系的总和。"由于高校学生是社会关系中的人，因此在高校里以群体共同学习的方式接受"三全育人"。我国高等学校里有不少群体社团，这种团体通常包括党组织、团组织和社团组织。高等学校学生的教学与活动就在这种团体内展开，这就需要人们积极推动这种团体的建立工作，通过组织路径实现高校"三全育人"的不断发展。

一、依托党组织，推进高校"三全育人"

（一）学校党建工作现状分析

党中央、国务院始终高度重视高校党的建设工作。1990 年，中共中央发出了《中共中央关于加强高等学校党的建设的通知》，并于当年组织开展了首届全国高校党的建设工作会议。此后，全国高校工作会议基本年均举行一届专题研究来指导学校党建工作。2005年，中共中央组织部、教育部党组、共青团中央联名印发了《关于加强和改进在高校生中发展党员工作和高校生党支部建设的意见》对高校学生党的建设工作进行了具体部署。各高校根据中心的战略部署和全国历次党的建设工作大会要求，一直将党的建设工作放在突出位置，并大力加强这项工作，在增加共产党员数量和提高教育质量等领域，均获得了明显进步。当前学校学生党建工作中，还存在着种种不足，影响和制约了党建工作的质量。归纳起来，主要是：在发展学生党员上，个别学校的政工干部不能辩证地看待数量和质量的关系，盲目追求发展党员的数量，忽视了质量，造成把关不严，极个别不符合党员标准的学生进入了党员队伍，损害了党员队伍的纯洁性，甚至影响了党组织在高校生心目中的威信和号召力；在入党积极分子和党员的教育上，没能做到与时俱进，形式仍然以听报告、念文件为主，内容上也没做到体现时代特征和联系学生的生活实际，挫伤了他们追求真理、解答现实困惑的积极性；在高校生党员的管理上，没有将党章对党员的要求具体化，导致对高校生党员的监督考评无章可依；在发挥先锋模范方面，极个别高校生党员原本入党动机不纯，"入党前拼命干，入党后松一半"，在学习、工作中根本没发挥作用，影响了党组织在学生心目中的光辉形象。这些问题虽然只存在于部分学校部分大学生党员中，但其危害却很大，足以引起我们的重视，并采取相应的措施，加强和改进高校学生党建工作。

（二）通过加强学校党组织建设，带动"三全育人"

1. 充分发挥党组织的政治优势，起到政治引导功能作用

党组织最明显的特征就是具有鲜明、正确的政治导向。政治导向是大学生成长和未来发展的政治方向。学校要把握住政治导向教育的核心，以理想信念教育对学生进行指引，帮助高校生树立正确的三观。高校党组织理所应当起到政治教育功能，最重要的就是做好信念教学工作。在进行理想与信念教学工作方面，高等院校有着得天独厚的资源优势，不但有机构完善的各级组织，更有系统的马克思主义理论教学工作，有理论修养丰富、专业

知识深厚的专家教师队伍，为高等院校生理想信念教育工作提供了优越的基础条件。高等院校党组织一个非常重要的任务，是组织广大学生共产党员和主动要求入党的学生，了解党的基本理论、基础之路、基础党纲、基础经历，用马克思主义理论知识武装大脑，坚定不移走我国特色社会主义大道的信心，积极培育学生共产党员的理想。

2. 通过建设校园文化，推动高校生党组织文化建设

高校学生党组织教育是校园文化的主要内容。校园文化和高校学生组织文化就是彼此沟通和交流的关系。利用马克思主义理论知识推进学校文化建设，在学校推广马克思主义理论知识，宣传党的路线教育方向、政策就是要促进高校学生组织的健康发展。

（1）推动学校党组织文化建设和校园文化建设的工作融合。毋庸置疑，学校学生党组织文化建设在其所处的校园环境内，必然会留下校园文化的烙印。大学生党组织文化要充分发挥其凝聚力和吸引力，就必然要求与校园文化有机结合，以校园文化的一部分让广大师生认同接受。以校训为例，校训是一所学校价值观的长期总结，体现学校的外在精神面貌，是校园文化的"灵魂"，也是大学生党组织文化必须吸收的文化养分。校训不可能自发地产生和形成，几代学校领导、教授、专家学者有意识地培养学生认同这一理念，并长期努力培育后才为师生员工所认同，成为今后全体师生的共同准则。好的校训是无声的命令，是行动的旗帜，是对所有师生的命令和要求，如北京师范大学校训："学为人师，行为世范"，复旦大学校训："博学而笃志，切问而近思"。从这些有着优秀校园精神文化的高等学府走出来的广大学子、党员，都深深地把这些校训埋在心里，认同在行动上。因此，要巩固学生党组织文化建设的阵地，就应该重视研究党组织文化建设与校园精神文化有机融合的问题，将以校训为代表的校园文化、校园精神融入大学生党组织文化建设之中，会取得事半功倍的效果。

（2）通过校园文化建设促进高校生党组织文化建设。校园文化的发展，不会主动地促进高校生党组织文化的发展，要注意对校园文化的引导，使之促进高校生党组织文化朝着马克思主义方向发展。从高校生党组织文化建设正常发展的角度讲，校园文化建设要注意以下几个方面：

①用科学发展观引导和谐校园文化发展。在学校贯彻并落实民主科学的社会主义发展观，并要求以学校学生为本，重视培育和发挥学校学生的民主意识，增强全体师生对校园发展的主人翁感、光荣感、成功感。

②抓好学校社会组织与党组织建设。社会主义教育活动既是校园文化的主要内涵，也是高校学生基层党建工作的主要载体。高等学校学生党的建设思想不要仅停留在学生读书中，也要在学生活动中实践。将党的建设纳入社团，在社团活动中认真学习马克思主义的理论。透过社团活动，更有效培育高校学生党员的良性文化。

③发挥教师团队的指导作用。教师作为校园文化中的思想力量，对学生党建工作有着重要的作用。教师的工作不仅在课堂教学上，更应当时时处处教书育人。所以，组织指导学生文化生活，充分发挥学生文化生活的教育作用是教师的责任。提高学生文化生活教学质量必须发挥教师的巨大作用。

综上所述，学院要按照党的德育目标规定，重视良好的德育创建，积极探求教育、管理工作、咨询服务的新渠道和新方法，力求开拓社会发展新格局，把党的传统优秀文化建设思想有机地渗透到学生的发展中去，使其在潜移默化中促进广大高校生成长成才。

3. 提高党员素质，发挥党员模范带头作用

党员干部就像一面旗帜。不少学生党员干部提出"让党旗高高飘扬"，正是想发挥共产党党员的模范和带头作用。

①要发挥教师共产党员的模范带头效应。学院里就有一批优秀共产党员教师，他们学识丰富，品格高尚，对广大青年学子有着很重要的影响力。

②要发挥好学生共产党员代表的模范带头效应。如果，他们在入党前就要把自身的思想行为"公示"，接受党员干部和群众的监督，那么，入党后也要"展示"自身的思想表达方式，以发挥自身的模范领头效应。因为学生共产党员都是品学兼优的好高校生，对引领众多高校生身心健康成长，起着良好的带头作用，对保持校园安宁、营造学校稳定、推进社会安定等，也起着巨大的带头作用。

③学生党员要发挥带头作用，要求自己品质过硬，不仅在理论上、学术上、事业上都要比其他同学表现得出色，在日常生活中更要团结、关爱、支持他们，尤其是要关注家庭困难、学习艰难、就业困难的高校生，增强为他们服务的奉献精神。这样的学生党员在校友中有着很好的声誉，也有着很好的吸引力，学生的行为本身便是真真切切的"三全育人"。

二、依托团组织，推进高校"三全育人"

共青团是在党领导下的优秀青年的群众组织，是党的助手和后备军，是开展高校"三全育人"的重要力量。

（一）实现观念创新

高校学生团建工作必须坚持以身作则，全面、和谐、可持续地蓬勃发展的社会科学发展理念，以实现学生在马克思主义思想下的人格独立。因此，高校对学生团组织的管理工作一方面要做好从严教育，一方面加强教学与监管，一方面对学生团员提出建议、履行义务、压下担子，一方面加强对学生团员的管理约束。学校办学中坚持体现"以人为本"的教育宗旨，重视校园的民主政治，保证校园的合理正常需要，支持校园实现自身发展，重视学校发展，充分调动校园的内心积极性；既要建立学校德育领导的长效机制，也要建立对学生的学习、事业、职业生涯成长等全方位的关爱服务机制，促进感情联络、事业激励、心灵减压、生活保障的内部动力机制的形成与发展。

（二）加强团组织的思想建设工作

在开展团建理论课教学工作时，应一方面要抓好传统的教学方法，比如上党课、开设训练班、召开先进事迹研讨会和举行专题讨论等多种形式，有计划地组织团员集中学习，一方面积极鼓励团员主动读书；另一方面也要重视当代高校学生学习需求的多样化，通过组织课外活动的多种形式，寓教于乐，共同进行学习。总之建立健全自学的方式办法，形成系统的述学、评学和督署等机制，由组织人员对团员理论掌握状况进行评估，从而为团员自学过程提供有利的反馈。

（三）加强作风建设，维护团组织的形象

团组织工作的作风好坏，决定着人心的向背。这是因为团组织的作风问题，说到底是党同人民群众的关系问题。作风的好坏，关系到党和人民群众的密切联系程度。在大学校园内，大学生团员作风建设关系到大学生群体如何看待团组织的工作。强化作风建设途径，促使大学生群体时刻与党团的路线方针政策保持一致，在他们走向工作岗位之时，能够积极为社会主义建设事业做贡献。团组织在大学生群体中的形象，来源于大学生群体对大学生团员甚至预备团员的行为判断。在大学生群体中，党团的形象具有重要的"三全育人"强化作用。在学校改革建设中，要发扬马克思主义与时俱进的理论品质，运用广大师生的集体智慧，科学回答关系学校发展的重大现实问题。

（四）要加强学习型团支部和服务型团支部的建设

共青团本来是一种学习型团体。我们应坚持做好学习型团支部工作，对学校学生党团员开展经常性培训活动，使社会主义核心价值观渗透到学生共产党员培养的全过程。根据学生共产党员的特点，完善和创新学校党组织的教育与活动形式，不断创新教育活动手段，提高活动的教育成效，使学校党团组织的教育与活动形式既严肃认真而又活泼，更接近于学生共产党员的知识、理论和生活实践水平，为他们提供终身学习的良好社会条件，把团读书活动变成一个经常性、普遍性和规范化的教育活动，在学校团组织中形成共产党员们相互学习的大课堂。

服务高校生是学校共青团的重要使命。团的性质和职能决定了团组织服务高校生的使

命。学校共青团要关心高校生的健康成长，要服务于学生的成长成才。学校共青团要重点服务当前大学生最迫切的需求，而当前最突出的问题就是大学生就业。因此，学校共青团要高度重视并配合政府做好高校生就业促进工作，帮助就业困难大学生做好就业工作。把党培养的优秀高校生输送到祖国建设的第一线，为国家经济建设服务，发挥大学生青年的创造力和激情，是服务高校生工作的重要方面，也是圆满完成党的任务的关键一步。

三、依托社团组织，推进高校"三全育人"

高校"三全育人"进社团工作的开展，有如下思路和措施。

（一）发挥理论政治专业社团的主渠道功能

利用社团资源对高校学生实行"三全育人"有两个主渠道：一是利用思想政治工作领域方面的基础理论社团对高校学生实行"三全育人"，如马列主义基础理论研究会、邓小平理论教育思潮与"三个代表"教育学说深入研究会、科学技术发展观深入研究会、中国近代史研究会等。二是利用公共服务和社区实践工作领域方面的社团对高校学生实行"三全育人"，如多种形式地开展高校学生奉献社会的爱心社、支教团、义工协会等。目前，公共服务和社会性实践类的"奉献"学生社团在高校发展迅速，且数量庞大。

上述两类社团主要的活动目标就是在大学生中开展思想政治方面的理论研究和实践探索，使大学必修课程"两课"的学习由课内向课外延伸，将理论学习与行为实践密切结合，从而有效提高大学"三全育人"的效果。学校应积极扶持和引导两类社团的建设与发展。

（二）建立健全学生社团管理机制和模式

学院团委组织主要承担学校社团的组织领导与管理，并根据"一体两翼"的工作思路，在团校委的直接指导下成立学社联盟，面向全体招收新社员；以提高本科生专业知识学习水平为目的的专业性本科生协会，主要依托于各学院（系部），由院（系部）的团委管理与支持。

按照学校社团的面向对象，经团校委同意，社团可以跨学院（系部）吸纳会员。社团联合会应当有规划、有组织地指导各级学校社团开展评优竞赛，以激发社团健康成长的热情。社团联合会负责对社团活动、财政管理等方面开展监督工作，并形成考核机制，同时应调动社团工作的主动性，不要对学校社团加以太多的限制和约束。委托共青团部门监督和指导学校社团，可以充分发挥团委的领导优势，开展高校"三全育人"工作。

（三）加强学生社团管理，帮助学生学会自我管理

学生社团工作是由上级党组织授权对同级团组织实施管理工作和具体指导，而学校工作者参加对学生社团的管理工作和指导则是他们的主要职责任务。学校社团是校园文化的重要部分，引领着整个学校的氛围，搞好学校社团的管理工作就能够为学校的发展带来肥沃的土地，能够充实学生的课外生活，也能够帮助学生学会自我管理。所以，学校的工作者一定要关注学校社团活动，并有效地予以引导与支持。

1. 社团成员管理

学生社团通常由兴趣相同的学生构成，其创建初期成员通常较少。社团的骨干通常是社团成立的创始人，或者经过商讨取得共识。社团组建之初特别需要培训，教师可以协助他们确定整个社团的宗旨、目标、结构、发展、管理制度等，主要任务就是挑选、训练社团的骨干，帮助他们懂得自我管理、自主成长。

随着工作的开展，社员也日益增多，因此，社团骨干的挑选过程应充分发扬民主，根据社员的平时成绩、民意评价、答辩表现等因素加以筛选。在挑选社团骨干的同时，学校负责人也在招聘过程中加以严格把关，这个过程可以采用"无领导小组讨论"等科学方法进行。学生社团是充满朝气的团体，学生骨干一般每年一换，以永远保持青春活力。换届工作是全年工作的关键，要求学生干部格外注意。

社团导师在学校社团的建设中是起着十分重要作用的角色，通常作为学校社团导师的是各学科教师或学校团委的工作者，导师能够在学校社团的定位与建设等问题上予以帮助，也能够协助学校社团制定精品项目，并对学校社团项目中出现的问题加以批评指正。学生干部应主动提出成为社团指导教师，如若不能，则要与社团教师进行交流配合事宜。

社团要在高校的文化平台上占有一席之地，就需要不断地加入新人。对社团的管理工作就应从纳新入手，社团必须对社员有明确的工作职责以及服务规定，并在纳新期间向他们传达该社团的精神思想和精彩内容，使学生们对该社团有更加清晰的了解，同时也使学生们明白进入社团后需要如何投入工作。社团中的社员既是社团服务的客体，也是社团服务的主体，由于社团是以兴趣为根本而形成的，所以社团也必须根据社员对兴趣的需要，通过开展活动，使社员们感兴趣。另外，社团的活动开展也不仅是内部的，有时也需要在外部积极参与社会活动，为校园文化建设做出积极的努力。学生社团的活跃还反映在社员的培训上，学校干部可以参与引导社团活动的发展，以创新的方式引导社员展示自己、提高自身，增强高校校园的活力。

2. 社团制度管理

学生社团中，学生可决定参加还是脱离社团，也可在社团中选择多参与一些工作或者

少参与一些工作。所以，对社团的制度管理不可或缺。

学生社团制度管理的第一步就是建立完善的制度体系，根据社团的定位和目标，学生工作人员参与帮助社团骨干制定学生社团纳新办法、学生社团日常活动管理办法、学生社团会员管理办法、学生社团骨干换届办法等，即从会员的加入到活动的开展，到评奖评优，到晋升骨干等全过程的管理制度体系。制度的科学性、可行性是非常重要的，学生社团制度管理要与学校、学院的实际情况相结合，要与社团的定位相结合，制定科学的奖惩办法，才能够调动社团成员的积极性，促进社团的健康发展。

学生社团制度的执行体现在日常工作的开展过程中。在开展工作时，要紧密结合社团制度，严格按照社团制度的规定执行和操作，批评违反社团制度的会员，奖励表现优异的会员。学生工作人员除协助制定社团管理制度外，还需要监督管理制度的执行，随时接受社团内外的意见、建议，不断帮助社团修正、调整社团制度。

3. 社团活动管理

教育实践活动既是学校团队的核心，更是学校团队力量的体现。学校团队开展教育实践活动可能是教学经验交换类的项目，也可是室外拓展类项目。学校团队项目也可包括日常项目和精神项目。社团的常规活动旨在扩大社员间的互动，增进大家兴趣爱好的沟通。常规活动可能每周一次，也可能每月一次，但不要间隔的时间过久，免得造成社团精神涣散。而社团精品活动则是根据社团的特点，充分发挥社团资源优势，能够服务于社区、学校，并得到它们青睐的项目，精品活动在精不在多，能够形成系列的精品活动，并把精品活动传承下来对提高社团的影响力有重要帮助。

学校相关负责人对学生社团活动的监督管理表现在项目的申报、辅导、管理这三部分中。学校社团进行教学活动时要在教师的辅导下撰写项目申请表，申请书中必须包括项目的日期、场所、目的、项目具体内容、安全预案，学生工作者对其项目可行性以及可能出现的问题等做出评价，并提供指导建议。在学校社团活动开展时，学生工作者也要对安全性等问题格外注意，并严格监督管理。

（四）加强对学生社团的扶持，促进社团健康发展

1. 建设高素质的学生社团辅导教师

为了促进学生社团，特别是理论研究型社团和专业学习型社团得以健康成长，学生社团活动的层次与素质也得以提升，需要建设一支学生社团的辅导团队。学校要聘任政治素质较好、理论素养和学科素质较丰富的教师作为学校社团导师，为社团发展做出必要的引导。另外，学校还可聘请社会各界名人和专家领导学校社团。

2. 下大气力培育社团领导

社团领导在社团活动中起到重要牵动功能，在班级中也有着自己的"明星级"影响力，从某种程度上来看，一个社团有没有发展，很大程度有赖于社团领导和骨干成员的素养与水平。团委组织部门要利用干事训练班、经验交流会，有目的地对他们进行培训，培养他们的政策自觉性，进一步提高他们对整体情况的掌握以及服务大局的认识与水平，进一步明晰组织职能，协助他们解决工作与生活中的实际问题，为他们进一步开展工作创造环境。指导他们学习创建团结奋进、务实精神创新的社团内部环境，增强社团工作人员的团队自豪感、职业责任心与成功感，进一步提高社团的积极性与斗志。

3. 加强对学校社会的支持

要从多渠道筹集活动经费，并划拨专项经费扶持社团的发展，为学生社团提供必需的活动场所和游戏设备，并引导学校学生社团积极运用社会力量发展社团活动。学院对社团导师的工作情况应做绩效评价，对先进的学生社团导师也要表扬和嘉奖，以增强学生社团导师的工作积极性。

四、依托班级、学生会组织，推动高校"三全育人"

（一）加强班级建设，推动"三全育人"环境建设

高校生在校学习、生活都离不开班级。班级是高校学生基于教学、管理工作上的共同要求而建立出来的基本组织形态，是高校学生自身学习、自身管理工作、自身公共服务的重要社会载体。因此，加强班级班风和学风建设，发挥班集体在高校"三全育人"中的作用，十分重要。

班级建设主要是班风和学风建设。多年来，学校坚持优良学风创建活动，做了大量探索工作，积累了丰富经验。一批批先进班级不断涌现。这些先进班集体，通常具有一些共同特征：形成和谐、进取、奉献的班级委员会，制定具体的班级任务计划，形成独具特色的班级行为，塑造学校品牌，打造优秀校风；以思想沟通为核心，用彼此关爱、互相支持来团结同学，共同发展。进行班集体、学生会自身工作中的"三全育人"要把握下列重点。

1. 确立班级共同目标

班级的共同目标体现着全班同学共同的目标与要求，是鼓舞着全班同学努力前行的目标和力量。班干部要按照本校学校和专业（系）的培养目标和特点，针对全体同学的共同需求，制定分阶段、有特点的具体成长规划，建立共同目标，并把这些指标分解、细化，

逐一落实。比如学业优秀率、考研顺利性、就业率百分比、管理工作通过率，还有学生参加各类比赛、文娱活动等方面的表现情况，等等，都可以制定成较为细化的具体指标，并明确实现共同目标的具体措施，用共同目标团结全班同学，共同发展。

2. 加强班级制度建设

建立健全班级制度，是实现共同目标的保障，也是实现班集体自我管理、自我约束的途径。班级制度是根据学校有关制度在班级的具体化，主要有班干部工作制度、班干部换届选举制度、主题班会制度、学习制度、卫生制度、班费使用制度、评选先进制度、奖学金评定制度、助学金评定制度等等。事实表明，将涉及全班同学利益的事情，通过民主讨论后形成一定规范，以制度作为班级成员共同的行为准则，可有效地促进班级同学从他律走向自律，达到自我教育的良好效果。

3. 发挥班干部带头作用

班干部是班级的核心，在建设良好班风中具有重要作用。选出一个真正愿意为同学服务的班干部群体，既要愿意为同学们服务，又要有能力为同学们服务，还要具有一定的号召力与影响力，这就要求大力发扬民主，将那些学习成绩好、思想素质高、作风正派的同学选出来，担任班干部，尤其是班长、团支部书记等职务。优秀的班级都是由优秀的班干部带出来的。

4. 发挥活动导向作用

学校活动是实现学校"三全育人"目标的主要载体，学校课堂也是学校班级课外活动的主体形式，是培育学生思想政治素质特别是培育集体主义品质的有效途径。比较常见和最具宣传效果的班集体活动形式是：知识比赛、文体竞技、专题班会、社会活动、学生出外访问、班级形象设计活动，等等。班集体要从确定活动主体、制定活动方案、选择活动类型等方面上下功夫，准确捕捉班级群体的心理反应，认真处理学生想法和现实情况，积极广泛地团结同学、联系同学、培养同学感情，提高教育活动导向性，加强针对性，增强宣传有效性。

（二）加强学生会建设，推动思想政治实践教育

学校的学生会是在学校党的领导下、团组织指导下，大学生自我教育、自我管理、自我服务的群众性组织，也是推动高校"三全育人"的依靠力量。由于学生会与学生有着广泛的天然的联系，学生会直接代表学生利益，是学校和学生沟通的桥梁和管道，因此学生会对广大学生具有较大的影响。选拔、建设一支思想素质高、服务态度好、工作作风正、领导能力强的学生会干部队伍，就能有效组织学生的各种活动，推进高校"三全育人"。为此，学校学生会应该自觉接受党的领导和团的指导，坚持从学生中来、到学生中去，为

学生服务的优良传统，团结广大同学，倾听同学呼声，反映学生诉求，代表同学利益，真正做到贴近实际、贴近生活、贴近学生。不少学校学生会在实际工作中总结出了"三个一"的工作经验：一体（学生会的工作与学校工作融为"一体"，争取学校大力支持）一线（学生会要上学生活动的第一线）、一流（学生会工作要不断创新勇于开拓，争创一流水平）。这是学生会开展工作、推动"三全育人"的有效经验。

第二节　"三全育人"创新运行机制

全国高校思想政治工作会议指出，学校应当始终把立德树人当作教学中心部分，将思想教育贯彻于教学的整个过程，做到全员教学、全面育人，致力培养学生德智体美劳发展的社会主义建设者和接班人。党的十九大以来，聚焦实现全员全过程全方位育人，教育部启动"三全育人"综合改革试点，大力推动理论创新和实践探索。在各地各高校的共同努力下，"三全育人"呈现出生机勃勃的崭新局面。然而，面对社会经济发展形势的变化以及互联网的兴起，高等学校德育工作也面临着新的挑战和困境，高等教育工作者应当全面认识新时期高校德育工作的重要性和紧迫性，积极思考"三全教育"模式，大胆进行教育实践，努力开创高等教育的新局面。

一、"三全育人"在高校德育教学实施过程中存在的问题

（一）学校对德育的基本内容的理解不足，在工作中出现了形式主义弊病

德育在中国高校的教学管理工作中一直受到高度重视，院校领导班子和思政教育工作者们也开展了大量的德育理论研讨与创新活动，但在具体实践运作的过程中，由于学校德育教学工作人员对德育的基本内容了解不足，在具体教学管理工作中所采取的方式与举措多集中在对德育实践的表面形态创新上，对德育实践的结构性创新不足。因此，许多学校只是在一些特定时间（例如学雷锋日等）才会举办各种集中学习的活动，但在平时教学中没有对德育工作加以不断改进。

（二）学校德育教师整体素质良莠不齐，对德育工作方式研究不足

"全员育人"是指每个参加了教育工作的人在各个阶段，都通过不同的方法和途径进行不同的德育工作，但是如果仅就于学校或德育教师的群体中，也会发现一些问题，如德

育工作者的整体素质良莠不齐，部分学校或德育教师并没有进行过严格的思想政治教育训练，从而无法较好地选用正确的教育手段开展工作和教学。比如，高校中频频发生的学生专业造假问题，深层原因正是由于教师忽视了学生的日常德育工作。

（三）情感教育不足，师生关系疏远

德育工作的基本目的是促使学生的全面成长，其落脚点是情感培养，通过情感体验来获得对科学人生观的理解。在学校中，学生的最基本情感体验之一便是与教师交往，而区别于同事关系，师生关系对于学校的德育工作来讲更具有导向性，而教师对学生的关心与教导则更可以让学生形成认同感与信任心。然而在实践操作中，大部分教师与学生之间的交流时间只停留在上课的四十五分钟，教师课后与学生之间的沟通与互动也较少，更有些高校教学评价测试的考题居然是在考查学生是否认识任课教师的。师生关系疏离造成的影响是学生无法合理有效地解决思想理论上的问题，而且因为对教师的陌生，他们很难对教师形成归属感，这也降低了德育工作的教学质量。

（四）随着自媒体的快速增长，不良社交现象对学生价值观形成直接打击

高校阶段的学生正处在世界观、价值理念和人生观养成的重要阶段，对经济社会生活现状的认知力量不足，极易对高校所进行德育管理工作形成怀疑与抵触。特别是步入21世纪后，网络科技的高速发展以及"抖音"等新媒体平台的快速发展，有关教育单位无法准确高效地进行审查操作，造成部分不良信息在互联网上扩散，给学校德育管理工作带来极大的压力。诸如"西式民主""小目标现象"等政治内容直接对学生价值观构成重大打击，极易引起学生形成利己主义、金钱利益为首的错误思维。但是身为德育工作的主导，学校在面对网络打击的时候应对经验不足，举措不当，德育工作还面临一定困难。

二、高校"三全育人"工作运行机制分析

（一）德育队伍建设

1. 突出党组织的领导作用

在高校德育工作中，党的领导地位是对中国高等教育机构在党主导下的学校负责制的具体反映，在学校具体管理工作中，党的主导作用主要表现为负责学校德育政策的制订与实施，对重要德育课题的研究、计划、组织与协调。在新时代，"全员育人"绝非不分主次，全员平分的德育工作职能，只是在品德团队里面根据整个系统结构要求的不同，实行

合理分配与协调，在组织的统一领导下进行德育工作。

2. 完善学工、团委组织协调工作

团委和学生工作部门或是直接负责学校内部各项管理工作的单位和团体，其主要德育任务是在党的指导下，通过开展多样化的思想政治教育活动，培养他们的思想觉悟，引领他们形成科学的人生观。在学校具体的德育工作中，团委与学生主管部门之间还有着分工方式的不同，学校团委的重要任务是开发建立学生小组，在学校思想政治教育中配合学校其他学生工作机构一起进行具体工作；学校工作部门的主要职能，则是进行学校管理工作以及学生思想道德教育的具体管理工作。两个部门之间在学校思想政治教育工作的主要内容上有交叉，但在实际工作中应确定好双方的分工，共同围绕思想德育工作的核心内容，在学校党组织的带领下，共同进行诸如讲座、研讨会和志愿者服务等工作活动。

3. 发挥辅导员德育骨干作用

在当前高校中，辅导员的主要职责是，在学校党组织的统一部署下对学生开展针对性的思想政治教育工作，同时，在部分高校中，辅导员还兼班主任职责，在学生学习、生活等各方面做好管理指导与服务。可见辅导员是思想政治教育工作的核心力量，与其他德育人员比较，辅导员和学生联系时间最长，服务工作内容最详细，对学生思想的掌握最深入，充分发挥辅导员的核心作用，有助于德育工作的顺利进行。

4. 强化两课教师德育工作的主导作用

思想政治理论和哲学社会课程教师，作为学校思想政治教学中最专业的施教人员，其工作的效果直接关系到学生的价值观与行为规范的形成，两门课程教师都在学校德育教学中发挥着主导作用。在德育工作上，教师要丰富课堂手段，增强学生自身理论修养，注意把思想政治理论教育和实践活动相结合，指导学生积极主动地掌握教育知识。

5. 增强行政管理工作人员的管理水平和社会服务意识

行政管理学生日常工作中和学校联系最多的主要是后勤工作，这项工作中包括了学生们在校期间日常生活的方方面面，学校行政工作人员的管理水平和服务能力高低直接影响到了大学生在校期间生活体验，从而直接影响大学生对学校教育的接受程度。应培养行政管理人员管理与服务的能力，形成"管理育人"和"服务育人"的教育理念，这对德育工作的开展也有着很重要的促进作用。

（二）德育管理机制构建

1. 建立完善的信息监控体系

新时代高校生所面临的是错综复杂的外部条件，各种不正确的社会思想和价值观念也开始在高校生群体中传播，由于缺乏分辨意识，学生很容易受到不良信息干扰，从而形成错误的社会思想观念。所以，构建完整的教育信息监测系统，以做好对不良信息的筛查，对学校德育管理工作有着至关重要的作用。信息监测系统的建设，应当着力解决三个问题：一是党组织的绝对主导；二是监控系统人员构成的多元化；三是掌握现代计算机信息技术，合理利用网络资源。

2. 提高信息分析诊断能力

数据监控系统的主要职责是对数据的收集整理，因为所收集的数据结构复杂，数据的真伪与准确性有很大的浮动空间。信息内容的形态也具有多元化特点，涵盖了文本信息、图像信息、音频信息和影像信息等各种具体形式，特别是通过网络而产生的海量信息内容更加真假难辨。因此，通过培养信息分类与诊断，以及运用不同方式方法对信息加以识别与过滤，增强了信息内容的真实性与有效性，进一步通过知识教育去培养大学生群体的意识水平和分清是非的意识，使德育工作更加富有针对性。

3. 完善信息反馈和调节功能

按照现代操作系统的功能与构成原理，一个完善的操作系统除应具备信息录入、处理与输入输出功能以外，还必须具有反馈能力，即对整个系统信息处理过程与输入输出阶段中可能发生的误差情况做记录，并向输入端做出反馈，以方便输入端信息筛选方法，从而提升操作系统的工作效能。"三全育人"德育体系也就必须具备信息反馈能力，这才是学校道德体系安全运转的基本保障。因此，在学生思想理论教学工作中，根据考核人员教学效果的高低，需要通过考、学、评、教等，把其德育成效反映到教学教师和主管单位，对存在的困难和缺点加以完善。信息反馈与心理调节功能的完善对于提升德育品质有较大帮助，是现代德育体系中不可或缺的因素一部分。

（三）德育考核工作改革

1. 考核目标和内容

品德考评的总体目标是根据"教书育人"核心，通过考核品德团队全体成员的管理工作成果，起到查情况、找措施和方法创新的功能，以达成"三全育人"的教育目标。从内容也可以延伸到全体成员的工作考评和班级思想理论能力开展状况评价两个层面，做到德育评价的全面化、系统性和持久化。

2. 考核原则

道德考核的根本准则应当是公平公正，在具体考核工作中还必须把求真务实的教育理念落实在学校道德评价的全过程中，通过真实地考核学校道德人员的教育管理水平和思想政治素质，及时发现学校德育工作中存在的重大问题和缺陷，并及时加以反馈与控制，从而有效推动学校德育工作的全面发展，有助于高校学生思想政治素质和整体素养的提升。

3. 考核方法

德育工作和科学知识教学有着重要区别，前者的效果具有隐蔽性和滞后性，学生往往在短期无法发现效果，而必须经过长时间的观察才可以看到学生的思维转变，但同时由于学生的思维与行动进步过程受诸多因素的共同作用，德育实践的效果往往难以直接反映在学生综合素养培养方面。这也决定了在德育工作评价时，并不是直接使用传统科学知识考核中的试卷方式来进行考核，而是更多地要通过思想汇报和行为规范来加以指导分析。所以，考评方式的科学化很关键，德育考评时要坚持把程序评估和效果评估有机地结合起来，重点评估和整体评估有机地结合起来，同时兼顾自身评估与同行考评有机地结合起来等，通过明确科学的考核方法，把"三全育人"德育工作贯彻到最实处。

三、以晋中信息学院为例：全员书院制高校的探索与实践

晋中信息学院（原山西农业信息学院）作为山西唯一的全员书院制高校，围绕立德树人根本任务，坚持"三全育人"理念，创新推进"四位一体双院制（四位=完满教育×通识教育×商科教育×专业教育；一体=信息产业商学院；双院=书院×学院）"人才培养模式。

学校于2016年底率先实施了全员书院制改革，斥资推进人才队伍构建、功能区域改造、文化标识设计、内外资源整合等举措，形成了太行书院、杏花书院、无边书院、箕城书院、青藤书院、三达书院、右岸书院七大书院，首批书院新生于2017年9月入住，在国内同类院校中较早推行覆盖1.7万余名学生的全员书院制育人模式。

（一）依托多维空间 提升"服务学生"育人功能

书院功能区作为学校广大师生重要的公共活动空间之一，承担着活动组织、项目执行、办公会议、学业辅导、互动交流等基本功能，以每个书院都是一个学习、生活、文化、社交的综合社区空间为定位，同步建设会客厅、健身房、活动室、投影区、会议室、工作坊、咖啡屋、小型沙龙区、导师驿站、团队辅导室，以及形体训练室等20余类功能空间。为全面贯彻"以学生充分发展为中心"的育人理念，学校于2021年9月全面实施导师制，组织涵盖党务工作人员、后勤服务队伍、学院辅导员、思政教师、专业教师进驻书院社区，配套相关的聘任、考核、激励制度，目前已经实现大一新生全面配备社区导师，学生活动社区导师全程指导，切实打通育人"最后一公里"。

（二）聚焦学生成长 聚力"新型人才"价值实现

当前书院有社区文化式书院、文理学院式书院两种类型。各书院围绕隐性领导力和显性领导力，进行"领导力分解"，并通过个性的功能环境、包容的文化发展、社交的多元覆盖、活动的设计实践、全息的共享互助，着重承担好学生"领导力"培育的角色，形成各大书院独特的成长体系并相互融合影响。

目前，书院社区已搭建学生协作力养成计划、乡村小学"金话筒"推广计划、"英才名匠"职场 CIO 培训计划、晋商学堂、"在校言商"商道论坛计划等 50 余个互动成长平台，低门槛、大众化和社区性的活动让学生获得服务社会的体验、人文素养的提升、自我管理的修炼以及国际化视野的拓展等。此外，先后承接全国高校商业精英挑战赛"有道商创杯"商务谈判竞赛，山西省冬季国际象棋等级赛等大型活动；与中国人民银行晋中市中心支行合作开展青年诚信文化教育工程；与山西省图书馆合作，山西省图书馆首个高校流通分馆落户箕城书院社区；与学校驻地有关社区、企业和村社合作，协同推进"书院文化进乡村""行走的力量·徒步公益"等文化活动，对学生进行能力和素质的培养。

（三）立足社区文化 拓展"共建共享"育人空间

书院构建学校、社会、家庭、学生、教师等多方面的对话机制，形成社交新格局，实现扁平互动，积极探索联动融合新模式，努力构建实践育人"共同体"。聚合发展导师、学业导师、成长导师团队协同发力，立足于领导力提升，设计、开发针对"书院制下学生成长状态"全覆盖的项目活动体系；与学院以"1+1＞2"为导向构建"书院+学院"学生管理新模式，促进双院差异式、互补式、协作式发展；立足于家园社区文化，打造个性化、创新性的学生培养资源。目前，学校已经形成了"生活在书院，专业在学院"的学生发展格局。

仅在书院功能区域改造方面，学校共计改造宿舍 174 间，7668.1 平方米，改造费用达 3000 万元。每个书院覆盖 2-3 栋宿舍楼，书院功能区规划有共享客厅、小型沙龙区、会客室、健身房，活动室，咖啡屋、学长导师空间，导师办公室、团队辅导室、形体训练室、便民服务室等各类功能房间 103 个，这些硬件和功能区都免费向同学们开放，形成了一个集环境、文化、教育、实践、成长等多重功能于一体的复合式教育圈层。

（四）植入特色理念 注重"丰富学生"创新体验

七大书院按照"第一社区、第二家园、第三课堂"的理念，植入具有时代特色且有助于学生成长改变的元素、资源，扩大高校生社交新圈层，打造扁平化互动式朋辈互助格局。从"导师活动""特色工作坊""养成活动""家庭活动""项目运营"等多方面引领学生成长；组建"管理团队、导师团队、学长团队"三支"家长"队伍深入推进书院建设；打造"社区文化""家园项目"，实现课内与课外融合、学习与养成融合。导师从生活、学习、兴趣、情感、职业规划等多个维度，通过自身的人格、学识和人生经验对学生的个人成长进行充分指导，激发学生"自我探索"与社会紧密联系。

书院营造了温馨、青春、自由的生活环境，搭建了有情、有趣、有爱的成长平台，让青年学子在新圈层里去定义个性的、多元的高校生活，进而实现更好的改变成长、自我提升。

第三节　书院制模式下高校"三全育人"文化机制创新研究

在国家"教育兴国"的建设目标指导下，建立符合国家特点的社会主义化的教育，是我国教育发展自始至终的使命和责任。目前，关于文化教育对高校思政工作的质量影响产生的重要意义不言而喻，因此，高校将其作为"三全育人"的重要环节，结合国内外这方面的资料，探索书院制管理模式下的文化育人的教育过程。

一、高校文化育人概述

（一）核心概念

1. 文化

站在马克思主义的角度分析文化内涵，主要指的是人的精神和物质的一种总和。而华夏文化的核心就是人，只有人才能创造出丰富的文化，人们才能享受文化所延伸出来的精神内涵。因此，育人是我们中华民族文化发展的基点和方向。

2. 文化育人

对于文化教育的解释，其中，"文"即是字面"文化"的意思，"化"则指的是后期对人的教育和感化，"育"的意义就在于在教育中促进人的整体化成长，"人"涵盖的就是受教育的群体。所以，文化是我国文化自带的自然特性，"育人"是我国文化的内在特性，而高等教育院校则是文化进行传播的主要场所，文化育人是高等院校教育的出发点。

（二）理论逻辑

1. 思想政治教育视角和全人教育视角

关于文化育人深入研究的问题，要求我们首先掌握文化育人的基本结构以及存在的要求，还有它的内在的机制建设。只有正确地掌握了文化育人这个载体在构建过程中的基本规律，才能有效地提高思政教学和文化育人的深入结合。文化育人的本质是要求促进人的全方位的发展。体现的是"育人为本"的教学宗旨，是时代教育的一种体现。

2. 隐性育人法和"场"式育人法

文化场能够将人们聚集在一起，通过某种形式激发并影响人们接受文化的熏陶与教育，起到文化介质的作用。而文化场作用的实现，必须通过传播媒介或者潜移默化的教育手段来完成这个过程。"场"式育人是文化教育不可或缺的手段，注重文化场形式的运用，才能将文化传播的能力进行释放，从而促进文化精神的传播。

3. 四要素协同育人体系

文化育人有其重要的价值体现，它是很多因素共同作用的一种体现，其中包含文化育人主体与客体，以及它存在的环境和传播的媒介等，这些都是对文化育人价值有着重要影响的个体因素。要想真正地实现文化育人，就要从这些要素入手，目的在于提高教育者在教育过程中的引导价值；促进高校学生进行一种自我的发展；对当前的文化育人的环境进行合理优化；建设文化育人的主要阵地。这四种基本要素，构成了协同育人的整体体系。

（三）现实困境

1. 文化育人意识较弱

当前还有一些学校在人才培养的时候，存在着以专业为基础，只重视学生专业教育的学习，而忽略文化素质的培养。这些现象主要体现在对学生成绩的关注、对就业的关注，而对学生继承人文精神的要求重视度极低，所以学生受在受到网络多元化的冲击的时候，自身的价值观和行为方式都容易出现偏差。

2. 文化育人资源较少

还有一部分高校在文化教育的时候，对文化教育的定位不清晰，对它的内涵把握不准确，所以并没有把我国优秀的传统文化和当今社会主义先进文化有效地融入课程教育当中，在文化育人的教学资源上也非常的单薄。与此同时，很多高校也没有更好地理解文化育人自身存在的特殊性，没有与学校自身文化特色相结合，没有形成独具本校特征的文化资源。除此之外，还缺少与网络文化育人的资源结合，在教学形式上也没有充分调动学生的积极性，这些都是文化育人资源太少的体现。

3. 文化育人机制不够

高校文化育人不能只有理论的空壳，还需要具体清晰的职责划分，以及严格实施的责任落实，很多学校对文化育人关注度不够，以至于造成资源的缺失，机制和制度的构建也不够完善。在教学的课程建设、教学环境的建设、实践理论课的建设上缺乏约束以及长效机制。

4. 文化育人队伍不足

在文化育人活动的设计与开展过程中，需要一群具备一定文化层次的人才队伍。它包含学校的领导人，管理层的一些老师，还有专业课的任教老师，以及后勤管理的一些老师。只有这样，全方位的人才队伍安排才能保证在课程、实践、环境等各方面的建设中全方位地为学生构建出文化的整体氛围。但是仍有一些学校的工作状态所体现出来的是人文素养以及育人情怀的缺失。学校硬性学习规定虽然得以遵守，但是缺少真正地能够让学生潜移默化的文化教育环境与形式。

二、书院制视阈下高校文化育人实践的成效

（一）将文化建设带进书院建设，实现"一院一品、共建共享"的书院格局

文化育人把学生积极进取的个人发展需求的实现作为高校思政工作的主要形式与手段，建设书院文化"一院一品"、成果共享的文化育人新局面。这样的研究与实践过程以显著形式得以展现，并得到社会各界的广泛认可和赞同。文化育人教育模式将书院制与我国高校学院专业、班级建制之间进行了融合，形成了以"加"促"强"的工作方针，在教改的发展规律指引下，找到书院与学院二者之间的契合点，创新出分工、权责、双院融合的合理性和创新发展，为高校"三全育人"工作的顺利布局与开展打下了基础。

（二）创建了开放包容的新型学生社区管理模式

开放包容的新型学生社区在管理上有三个特点：

1. 管理时间和空间的变化。实施的是书院和学院的双向领导，将"三全育人"的工作进行合理分工，实行合力育人的工作计划。

2. 自上而下的组织结构。书院领导干部组织、专业教师组织、学生寝室组织相融合，统一归入书院党支部管理，按规定履行职责，共同促进育人活动的展开。

3. 开展实践活动基地。学校可以为学生建设读书俱乐部、党建沙龙或者开展文化论

坛等活动，丰富学生社区管理的方式。

（三）促进了从教学区向生活区延伸的文化育人阵地建设

文化育人的阵地也需要拓展变化，比如学校后勤部门可以成立"管家队伍"，分别由学工和后勤部门人力组合，让学生顺利从教学区转移至生活区，实现教育区育人的无缝衔接。实现了思政工作的全面开展，推动了思政工作与学生日常生活的相结合。

三、书院制视域下高校文化育人的启发

（一）坚持马克思主义思政理论基础，建设文化育人的创新体系

高校的文化育人是我国思政教育的重点，所以要把马克思主义思政理论基础作为指导，并且要融入新时代思政的创新因素，做到与时代共同进步、发展，在育人的内容、形式、途径和平台上都要有所创新性体现，构建出新时代文化育人的体系框架。在这个过程中，还要明确高校育人建设的政治定位，将其与高校建设所特有的因素相结合，集课程、教学环境和教学实践于一体，将高校文化育人的体系进行完善，育人工作才能全方位开展。

（二）创建文化育人的信息化平台，线上线下延展文化育人功能

在网络信息化这个时代，建设高校文化育人创新机制的可能性和方法很多。在书院制模式网络建设过程中，进行"掌上书院"App、"易班"等这些网络育人平台的建设，结合学生与人过程中的实际问题，增强了学生育人效果的真实和有效性。通过这种网络线上和线下方式的结合，将优秀的传统文化和党政理论、学生榜样事迹等内容进行融合宣讲，积极推动和普及，促进文化育人功能的全面实施。值得注意的是，以学生为主体进行书院新媒体建设，如高校公众号运营以及微博平台的建设等新媒体平台的建设，要以学生为中心进行建设，这样才能充分发挥学生的自我管理的积极性。

（三）以文化为内容、政治为引领、教育为载体，实现文化育人内化与外化的统一

高校学生对于文化知识的学习，对于育人来说，只是掌握了基本的育人条件，而想要达到育人的教育功能，还要对所学知识进行内在和外在的转化过程。比如，在高校基础知识教育中，同学们都学习了"讲诚信、守纪律"的内容，但是，如何在日常生活中，将诚信、自律进行融合，切实成为学生个人行为的指导理念，这又是育人的另一个层面的问题。教育的初衷就是要实现人才的知行合一，实现知识的从内向外的转化。新时代高校的

文化育人工作要各方面的力量共同努力，保障内在和外化的双重运行，这才是实现文化育人的正确逻辑力量。

四、以浙江科技大学为例：书院制模式下高校文化育人实践的基本做法

浙江科技大学的大一新生在入校的时候被安排在安吉校区，本节就以此为基础，集合国内外 "书院制" 的建设，探索出适合我国国情发展的书院制教育模式和人才培养体系。

（一）书院设置与基本配备

浙江科技大学在办学理念上的定位是培养国际化的、高层次的、应用型人才，同时还要继承我国传统文化的教育精髓，结合浙江当地的文化特色，把宿舍楼作为书院教学的 "小" 单位，开设了六个书院。每个书院都要成立团支部、党支部等管理组织，在传统教育的基础上实现书院文化的 "一院一品"，各书院形成 "百花争艳、以文化人、服务全局" 的繁荣局面，每年可以定期举行文化节来进行书院文化的宣传。总之，书院和二级学院之间统筹合作，分工安排，共同实践文化的内在学习和外在实践，让学生在自我意识支配下积极主动地文化地自育。

（二）机构设置与人员配备

高校在文化育人的过程中，要在每个学院都设立专门的领导小组，主要负责的工作包括文化育人相关理论方面的设定，在文化育人建设过程中实际出现的问题处理，以及在书院工作管理过程中需要制定的计划和未来发展的规划，等等。书院日常的工作管理，主要是由学生及学生事务中心统一进行安排，具体对书院文化进行思想建设和学生日常行为管理。书院党支部书记由各书院辅导老师担任，党工委工作人员负责将书院和学生寝室进行统筹安排，书院党支部负责党校培训以及党员的发展等工作。书院聘任二级学院的院长、教授及地方的知名人士担任院长，统一管理学院的各项工作。

（三）书院硬件建设与经费保障

书院设置图书阅览室、心理成长辅导室、学生自习室、党团建设活动安排室等公共活动的区域，同时，根据不同书院的特色建设国际文化交流基地——"新语咖啡吧"、科技实践基地——"蓝色空间"、传统文化教育与传承基地——"博雅茶艺阁"、社会责任和实践能力培养基地——"知行堂"、德育与诚信教育基地——"阳光书吧"、生涯规划及创业教育基地——"怡访谈室"等。在书院建设的基础上不断完善每项管理与监督细节。

书院也要积极进行校外实践，与当地政府联合开展文化育人的共建活动，实现传统文化继承与发展的资源共享。书院不仅要打造物质文化基础，更要加强精神文化的塑造与环境氛围的建设，形成特色校园的文化品牌。

（四）"掌上书院"信息化建设

"掌上书院"App集合教育、服务和管理功能，将高校书院线上、线下相融合，形成了共享学习资源等。"掌上书院"App管理系统能为学生提供文化活动的报名、签到、请销假等服务，并向学生提供各种文化信息的推送，根据学生的个性特征设置其综合发展地规划，成为高校文化育人的良好信息化平台。

（五）文化育人体系和制度建设

做到文化育人体系和制度建设需要做好三个方面：

1. 完善方法。文化育人主要有四个方法，分别是隐性育人、场式育人、生活育人、"第二课堂"育人，这四种育人方法将教育和生活进行了充分的融合。

2. 构建育人体系。文化育人包含四个要素，即增强教育者自身价值的一个引导、增强高校学生自主意识和行为的发展、优化文化育人的内在和外在的文化环境、建设文化育人需要的主要阵地。

3. 优化基本功能。文化育人包含"四个建设"的基本功能，即，（1）精神文化建设，是文化育人的导向，激励文化育人顺利进行；（2）物质文化建设，是文化育人协调与陶冶的物质保证；（3）行为文化建设，促进校园文化的教育和引导；（4）制度文化建设，促进校园文化的规范建设。

第四节 "学生能动性"培养是高校书院制三全育人的创新着力点

高校书院制的发展在近十余年来可谓突飞猛进，成为我们国家高校培养人才的重要途径和方法，也是新时期高等教育研究的新课题。本节以"学生能动性"为重点培养方向，研究高校书院机制下"三全育人"的创新着力点。

一、"学生能动性"的内涵

能动性的概念在学术界也没有统一的说法，只能说，不同学科关于能动性的认知重点有所不同。因此，定义也存在着不同的差距。能动是人的主观意识及行为对事件进程产生影响的能力。

1. 在社会科学的领域中，能动这个概念主要强调的还是人在参与行动中所释放的能力，这种能力会受到社会结构、环境及权力关系的制约和影响。

2. 在哲学研究中得能动概念强调的是个人在社会层面上表现出来的自由、民主，表现的是对人权的表达。

3. 社会认知心理学中能动的定义强调的是在思想支配行动中的促进因素，与人的个体所表现出来的意向、反思、信念等个人主观意识有关系。在这些观点中，班杜拉的观点最为知名，他认为能动就是人的内在互动，即个人在生活中积极面对问题的信念。能动发生在个体心理、行为以及外在环境的总和因素中，其中个人的"自我效能感"是在认知、动机和情感影响下的能动反映，被认为是行动的核心所在。

4. 社会文化研究中的能动是采取行动、做出决定以及对立场的坚定能力。能动会受到环境的影响和制约，但是，主要还是个体对行动的整体把握和解释占主要原因。

5. 教育领域的能动定义是指在教育的行为过程中对学生自主行动培养能力。以此研究为重点，从 20 世纪 80 年代开始，主体性教育理论等各种各样的学习理论也有以此作为能动的概念进行研究和使用，主体性教育理论认为能动性就等于个人的主体性，是对主体活动的总体概括的过程，个人内在的自主创造性、积极主动性、选择区别性、主观能动性以及创新创作性都是能动性的表现。主体的能动性具有很强的行为目标，知道为什么要这么做的原因。此外还有科学的行为策略和合适方法，在此基础上才付出实际的有价值的行动。主动学习理论认为主动学习是学生在主体性参与过程中通过学生之间的能动和交互产生的行为方式。建构主义学习理论认为能动性主要表现在学生的知识建构中，学习中的活动安排是学生个体和心理共同参与的过程，是与他人在互动过程中共同进行的知识建构。最近这些年，"以学生为中心"的教育理论成为主导，"学生的能动性"成为现代教育的核心。经济合作组织把"学生能动性"认定为是教育的基础核心概念，"学生能动性"既是教育的目标，也是教育的过程，它是学生获得知识和能力的起点，是发自内心的主动、积极的学习方式。

二、"学生能动性"培养的重要意义

当前的形势，学生能动性的培养，在我们这个时代具有深刻的教育意义。换句话说，学生能动性的培养是促进学生核心素养体系建立的关键性的因素。是增强高等教育质量的主要途径。学生能动性的培养是现代教育的主要发展趋势，也是高校教育从自身角度进行发展的主要方向。

培养学生能动性是我们这个时代的诉求，也是区别于其他时代的一个特征。当第四次工业革命开展的时候，全球的经济发生了前所未有的变化，而社会也随着经济的发展有了很大的改变，科学技术得到了迅猛发展。由此而兴起的互联网络、大数据、区块链、人工智能、数字技术，等等，也成为我们这个时代的新概念，它们影响并改变着我们的生活。高科技的发展带给社会翻天覆地的变化，使社会具有了更大的复杂性、不确定性和模糊性。如果学生还继承传统的教育思想，那么他们将与这个时代格格不入，甚至不能在这个时代中得到发展。因此，我们就要转变传统的教育思维，使学生具有积极主动的学习意识，拥有主观能动性。这样就能使学生发自内心地去学习，去解决问题，而不是被动地去接受。这个时代需要探索性的学习，需要创新创造，这样才能找到学习的热情，建立明确的目标。只有在这种主动性的教育理念中长期坚持学习，才能培养积极主动的心态，拥有更大的创造价值。经过研究发现，学生能动性的培养与他的终身学习能力、接受挑战的能力、创造性和职业定位以及个人幸福度都有很大的关系。学生能动性的培养是我国高等教育发展的必然阶段。目前，我国高等教育已经进入了普及化阶段，与精英化和大众化阶段相比来说，这个阶段的学生群体相对比较复杂，教育背景和学习基础也都不同，为了满足不同学生的教育发展目标，我们必须遵循以学生为中心，以学生的能动性为基础，这样才能保证所有的学生成为栋梁之材。而高等教育的教学方法也要做出相应的改变，从传统的关注教师的教逐渐走向学生自发的学，从关注教师的教学内容和方向，主动转变为如何去激发学生学习的主动性这个方向。从学生被动地听到学生主动地学，是一个不断进步和发展的过程。

三、"学生能动性"理论研究与实践探索的现实反思

截至目前，关于能动性的研究一般都集中在社会科学、哲学和心理学相关的领域，而高等教育这个领域对能动性的研究非常少，尤其是对学生能动性这一板块，在实践探索上表现得非常不足。

（一）"学生能动性"培养的理论研究不多

当前的形势，不管是对学生能动性的概念研究，还是对教师培养能动性的方法的探索，都没有形成对学生能动性的教学策略的系统的框架结构。原因主要有以下方面，

1. 对学生能动性的概念，认知上比较浅显，学生能动性的定义其实非常复杂，不仅涉及个人主观的意向变量，还关系到学生的文化背景和对不同学科能动性的外在显现。学生的能动性往往被认为是学生的自主性，或者是学生的内心声音的反映，或者是学生的主观的选择的同义词。但是，学生能动性的内涵却并非是这些简单的理解。

2. 在对学生能动性的研究中，视角相对单一，缺少互动对比。因此，彰显出一定的片面性。就目前而言，对学生的能动性的研究都是站在一个单一的层面上，有的研究学生个体方面的能动性，有的研究高校环境范围内的学生的能动性，很少有研究呈现出一种动态变化，既联系学生，又联系外界教育的环境，从整体的视角去对学生能动性做出一个全面的认知。

（二）高校对激发学生的能动意向重视不够

能动的意向是学生能动性的核心要素，也是培养学生能动性的基础和前提。那么能动意向包含什么？即学生内在的心理倾向性，学生的意愿和动机以及自我效能感成长的心态变化等，这些都是学生成长过程中的情感体验。目前，高等教育进入了普及化阶段，但是这个阶段也呈现出学生兴趣和志向的显著缺失，这成为现代高等教育所面临的重要问题。研究发现，很多学生在进入高校之后，容易处于一种迷茫和不知所向的状态，他们没有明确的学习目标，学习的动力不足，导致自控能力变差。由此，高校要注重学生兴趣的激发和志向的建立，帮助学生建立自我效能感，充分发挥学生教学资源的价值，促进学生能动意向的激发。

四、"学生能动性"培养是书院育人的核心点

高校书院在建设过程中，遵循的是以学生为中心的教育理念，而书院的教育初衷就是要引导学生进行自我探索，在这个过程中正确去认识分析自我，从而在社交中建立与他人之间的关系。人不管在什么时候都要发展自我能动性去进行终身的学习。高校在学生中开展这方面培养具有很多优势资源，比如校园环境优美温馨，师生之间关系比较融洽，能给学生带来家的感觉，老师的关怀就像亲人的爱一样，让学生放松。除此之外，还有不拘泥于形式的通识教育，学生在这些基础上进行自我管理，无形中促进了"学生能动性"的发展。

在能动发展的整个维度上，高校书院能帮助学生做以下工作。一是实现学生发展的道德能动性，即督促他们履行诺言。不管是对自己还是对他人的承诺，都要如约遵守去完成。二是学习的能动性。能够帮助学生建立主动学习的意识，积极参与学习研究的过程，承担学习本身的责任。三是帮助学生建立公民能动性。

在整个书院管理的过程中学生要学会与他人进行沟通，建立自身应有的社会责任感。在对学生进行能动性培养的具体要求上，高校书院要引导学生去思考一些实质性的问题，第一，明确自己是谁，对自己要有一个清楚的认知，第二，知道自我想要的是什么，对未来有一个怎样的规划和目标。第三，知道自己能够做什么，清楚地知道自己的知识和能力的底线，了解自己的优点，知道自己的缺点和自己的底线，第四，知道应该怎样去实现自己的目标，确定自己行动的具体方法，如何去获得相关的资源支持。为了实现这一过程，高校应该做到以下五个方面。

（一）书院情感氛围是"学生能动性"发展的前提条件

高校在进行学生的能动性培养的时候，为学生提供了非常充分的情感氛围，这种体验能帮助学生，并促进学生进行自我的发展。学生从入学开始，书院就给学生提供了相对完善的学习和生活设施，更重要的是营造了一个非常舒适有爱的环境，让学生在这里有家的感觉，能找到自我的归属感。而书院的领导和教师都能够非常有耐心地帮助学生去处理学习和生活中的一些问题。帮助学生释放面临的各种压力，为学生创造各种与不同人群接触的活动机会。通过这样一个过程，建立学生与高校之间的灵魂融合，使书院不再是冷冰冰的一栋栋建筑物，而是一个完整的、时时处处、方方面面都能给学生教育的一个有生命力的群体。

（二）师生互动、生生互动是"学生能动性"发展的核心所在

能动性是学生在环境中的行为表现。学生不能脱离环境进行自我发展，而是要与环境相融合促进自我的发展。比如教师举办讲座在这个过程中为学生提供了发展所需要的基本的知识、人际关系以及相互活动的机会，这就是所谓的环境的作用。钱穆老师曾经说过，高校书院的教育实质就是以人为主体的一个课程活动的展开，二者相辅相成，成为学习的共同体。书院的导师通过指导学生的学习，与学生建立多元化的持续交流，在这个过程中所有的沟通交流都是促进学生能动性发挥的重要推手，不仅给予学生情感上的安慰，还帮助学生建立了学习的态度和正确的思维方式，进而学生可以从内心激发出自我发展的目标感。除此之外，学生之间的互动，对学生能动性的发展也非常有帮助。我们知道，人是社会性动物，必须在社交关系中实现自己的价值，高校为学生能动性的发展设立的各种活动，为学生提供了互帮互助的平台，这些都有利于促进学生能动性的发展。

（三）书院通识课程是"学生能动性"发展的有效载体

能动是结合知识、认知和非认知的一个综合性的复杂系统，它是一个人采取行动的内在的推动因素。通识教育就是学生定位自己的人生价值和思想的一个人文性的课程，它能够使学生认识内心，培养自我的知觉和判断力，能够促进学生能动性的形成。书院的通识教育课程与高校课堂教学不同，通识课程，主要关注的是学生的情感和价值观的教学。书院的通识教育课程，它主要的目的不在于知识与学习，而是帮助学生展开对自我的认知。建立自我与社会沟通的桥梁，从而激发出自己的雄心壮志，建立人生发展的目标。在积极的人生观和价值观的指引下，去实现自己的人生理想。

（四）学生自治是"学生能动性"发展的重要手段

能动性换句话说就是自主性，书院要为学生建立自治的教育平台。

1. 书院教育者要做好能动性的教育定位。打破传统的学生管理思维，拒绝"母爱式"的学生管理，而是要培养学生的独立、自主、积极向上的思想观念。

2. 鼓励学生加入书院的管理工作。改变学生的思维，将其从被动的享受书院服务，转变为积极参与书院的建设，从"书院给予学生服务"到"我能为书院做些什么"，让学生积极思考，参与书院建设，并在这个过程中锻炼学生的责任感，学会与他人沟通协作，无形中锻炼了学生的可迁移技能。

3. 书院活动要把学生当作行为主体。充分挖掘学生的主动性，由学生主动担任书院活动的策划者与实施者，书院教师给予辅助帮助，鼓励学生试错、锻炼，提升自我成长的洗礼。

4. 做好书院学生管理的监督与评价，让学生清楚地了解自我的优点和不足，有目的地改进和学习。

（五）自由选择机会是"学生能动性"发展的必要条件

"以学生为中心"的教育理念，其目的在于促进和激发学生内在的能动性，尊重学生的自由、充分发展。当前，高等教育发展到普及化阶段，学生的个性化发展需求迫切需要"以学生为中心"的教育理念的支持，高校要充分考虑到学生发展的外在需要，为学生提供更多自主实践活动的机会。比如，北大的元培学院。该支持学生自由选择课程和专业。以兴趣和发展为目标，支持学生对未来的选择。在修习方式上实行弹性年限学习，学生可以跨学科学习，申请提前或推延毕业。在课程体系建设上降低学分要求，让学生自由选择自己想学、对自己有用的知识。总之，高校要从传统硬性学习的课堂，转变成一个尊重学生发展的研究性书院，这样的双向发展更利于人才的培养和教育的发展。

第六章 "三全育人"教育评估创新发展

第一节 "三全育人"教育质量评估的创新发展

"三全育人"综合制度改革是高校领域深入变革的一个重要创新性措施。自 2018 年开展试点至今，很多地方院校取得了明显成果，但是也存在很多问题，比如"三全育人"的建设目标脱离人才发展的现实需求，育人建设的标准脱离时代的发展，项目研究的成果不能解决教育的实际问题。按道理，评价是教育改革的反馈，是"三全育人"开展的保障，要做到全面审视改革的质量，就需要建立完善的"三全育人"管理系统，每一步工作都会展现在眼前，有利于问题的发现与改进。综合各种因素发现，我们认为应将学生的获得感当作"三全育人"的关键考核因素，努力提高高校思想政治教育的亲和力与有效性，培育一批堪称社会主义振兴大任的当代新生。书院制与"三全育人"相融合，怎样才能促进人才培养的创新，使其具有时效性？要建立对应的评估机制，发现问题，解决问题，促进书院制"三全育人"的顺利发展。本章对"三全育人"教育的评估和书院制"三全育人"的改革绩效评估都做了阐述，有待于高校思政研究者更好地找到学生教育的新方向。

一、构建"三全育人"教育质量评价指标体系的时代诉求

高等教育质量评估工作一直是中国高等教育改革的重点内容，高等教育质量评估系统建设伴随着改革的进度逐步开展。2020 年，中共中央、国务院办公厅发布《深化新时代教育评价改革总体方案》（中发 C202019 号），明确评估工作人员要始终立德树人，牢记为党育人、为国育才的目标，发挥教学评估的指挥棒功能，制定科学合理的教育目标，实现高等教育的正确发展。为此，需要从制度管理、团队构建、人才培养三个层次分析建立

"三全育人"教学评估指标体系的时代需要。

（一）制度管理：推动高校综合改革进程

从国家和高校制度管理层面来看，"三全育人"综合改革试点的教育质量评价作为新时代的有益尝试，将直接影响下一阶段高校立德树人工程具体方案的实施。然而，"三全育人"综合改革试点以来，由于涉及领域多、部门多、环节多，制定指标体系高度复杂，且各校开展"三全育人"工作的途径和举措存在异质性，尚未形成统一的指标体系。一方面，试点工作文件中，虽然明确提出了省、高校、院（系）等三个层面的建设标准，但是相比可操作、可量化的指标体系还存在一定距离。另一方面，传统的思想政治教育工作教育质量评价体系存在高校党委重视程度不够、各职能部门育人职责划分不明确、实施评价部门权力范围受限等弊端，难以满足全员、全过程、全方位育人的整体性评价导向。因此，迫切需要在既有工作的基础上进一步创新探索。

（二）队伍建设：激发全体教师育人自觉

从队伍建设层面来看，"三全育人"综合改革的落地，需要学校各部门的通力协作和全体教师的合力育人。近年来，思想政治工作成效已纳入学科评估体系，成为评价学科建设的重要指标；许多高校成立教师工作部，专门负责开展教师思想政治工作，让教育者先受教育；人事部门把专业教师参与学生思想政治工作经历纳入职称评聘的必要条件，以此调动专业教师立德树人职责的积极性；面向研究生导师和管理服务人员等不同群体开展专题培训，这些举措在一定程度上增强了教师的德育意识和德育能力，但距离全员育人的改革目标依然存在差距。学校迫切需要将教师参与思想政治工作纳入全校各相关部门的年度考核，将教师育人水平融入教师评价体系，发挥评价指挥棒作用，激发教师育人自觉。

（三）人才培养：满足学生日益增长的成长期待

从人才培养看，由于数字化的快速发展，学生获取专业知识、获取信息的平台日益丰富，灌输式教学已不能适应学生成才的发展需求。思想政治素质教育的效果存在潜隐性和滞后性，常规的教学素质考核仅通过调研问卷和面试的形式开展，无法观察他们自身的思维行为和心灵活动。所以，亟待改变考核手段，对学生逐渐增长的人才发展需求给予充分重视。唯有将思想政治工作贯穿于教育教学全过程，在学校内部将线上线下形成立体化、沉浸式的教育教学环境，让高校学生获取实实在在的获得感，学校思政战线才有可能避免错误思潮和错误信息的影响，引起学生关注，赢得学生信任，在潜移默化中坚守他们的正确信念。

二、"三全育人" 教育质量评价指标体系构建的主要意涵

高校立身之本就是立德树人,建立"三全育人"教学品质评估指标体系的思路应该始终坚持适应学生的发展需要。在"三全育人"综合改革教学质量评价过程中,"受教育的学员"是评估的核心,他们能否在接受教育后坚定信念、提高干事能力、确定努力目标等应是评估改革质量优劣的主要标准。所以,本研究基于学员"获得感",提出"三全育人"教学质量评估指标体系的建构基本思路,进而掌握系统建立的基本内涵。

(一) 学生 "三全育人" 获得感的基本内涵

"获得感"是一种兼有心理意义与社会意义的新兴概念,是未来发展建设和改革的目标和落脚点。"获得感"包括获取真实信息与社会生活需要的统一,又联系客观真实的结果与社会评价的统一,也联系行动与结果的统一,是一种极其复杂性的整体。有学者认为,高校学生思想政治教育获得感是指"大学生在接受全员、全过程、全方位的思想政治教育过程中或在思想政治教育实施后,在思想、政治、道德、文化和价值观等方面的精神收获,进而产生的主观积极心理体验以及在此基础上形成的客观心理状态"。在此基础上,高校学生"三全育人"获得感应更加凸显多元的育人环境、鲜活的育人内容和积极的育人体验,通过评估学生接受教育后的心理获得和精神满足,评价高校立德树人工作的实效性。

(二) 学生 "三全育人" 获得感的应用语境

在改革试点建立之前,全国各高等教育领导机关已制定了"三全育人"工作台账,确定了实施改造的目标书和路径,对成为"供应侧"的高等学校给出了具体实施目标,但尚不能评价成为"需要侧"的学生的获得感。在此背景,学生"三全育人"获得感观念的明确提出,革新了思维工作教育质量评价的观念,为"三全育人"整体改造奠定了基本思路。高校学生"三全育人"获得感是"人民获得感"在高校思想政治工作领域的具体应用,表示着高校思想政治工作改革理念向注重学生获得体验的转变。从应用语境看,学生"三全育人"获得感的主体是大学生而非教师,是指大学生在接受"三全育人"实施后产生的主观感受。大学生既是"三全育人"获得感的体验方,也是"三全育人"工作效果的评价方,更是高校思想政治工作改革发展的受益者,符合思想政治教育的基本规律。

三、"三全育人"教育质量评价指标体系构建的主要原则

评价原则是建构评价整体体系的基础。在建构关于"三全育人"的相关工作评价标准体系时，要自始至终坚持正确的政治方向，设计出合理、科学的观察指标，重视较为系统的协同联动，把握整体发展的动态性方向，要坚持以评价导向、评价标准、评价方法、评价应用为基本框架，统筹设计跨部门、跨领域、跨环节的评价指标体系。

（一）导向性：坚持正确的政治方向

"三全育人"教育质量评价指标体系要遵循准确的政策取向。高校思想政治建设工作的重要责任目标就是培育发展各项事业的优秀社会建设者和科学领导人，带有明显的政策性。要自始至终以新时代中国特色社会主义思想为导向，把坚定准确的政策取向贯彻于评估管理工作的整个过程，把政策目标当作衡量"三全育人"质量的主要依据。"三全育人"所获得的是一种富有我国民族特色的教育目标，在实际使用过程中需要自始至终贯彻准确的教育政策目标。在具体使用上，可以适度参考目前已在我国本土社会普遍采用的"幸福感量表""满意度量表"等，但同时也要注意和我国高校生思想政治教育的实际需要相结合，防止西方个人主义、消费主义、享乐主义等不良思潮的干扰。

（二）科学性：设计科学的观测指标

"三全育人"教育质量评价指标体系要体现科学性原则。"三全育人"教学目标既具有外显、及时的一面，又具有潜隐、迟滞的特点。但是，在进行评估过程中，常常要通过外显和及时的效果来评估效果，但许多效果的反馈都需要经过一段漫长的过程，大量潜隐性的迟滞性的效果往往得不到有效反馈。另外，高校学生的"三全育人"获取感更倾向于一种心灵层次的主体感觉，大学生在面对测试时有可能会隐瞒实际意图，或因目标过分朦胧而无从得到确切回答。所以，在技术指标设计和应用时应充分考虑思想政治教育工作的特点，尽力增加测试的可信度和有效度，如实反映学校"三全育人"项目的实际成效。

（三）系统性：注重系统的协同联动

"三全育人"教育质量评价指标体系要注重系统性原则。"三全育人"的工作理念强调各子体系之间的系统性、整体性、协同性，要求统筹办学治校各领域、教育教学各环节、人才培养各方面的育人资源和育人力量，构建大思政格局，促进学生的全面发展。因此，在指标设计时应充分考虑"三全育人"工作理念的基本逻辑，用底层逻辑来统摄具体指标设计，既避免指标的零散化和独立化，也避免指标的重复性和雷同性。

（四）发展性：考虑发展的动态趋势

高校"三全育人"教育质量评价指标的整体框架体系还要重视发展性原则。自从"三全育人"的综合性改革试点建立以来，一些有关建设的标准随着时代的发展和学生自身成长的需求，表现出动态的、变化的总体趋势，各个学校也在各自学校的实践工作中推陈出新。在指标进行设计的过程中，也应该把发展作为方向，注重指标设计的持续发展、优化设计、修改订正，使其能够符合当前的工作教育质量评价的实际需要，同时也能指挥将来的实际工作，在实践中对其进行修改和完善。

四、"三全育人"教育质量评价指标体系的构建

以上海市高等学校为例，在大学生中进行"三全育人"获得感调查，共收集有效调查答卷 518 份，并通过抽样调查对 20 余名大学生展开深度采访，相关调查结论建立初步指标体系，为模型建立与运用提出重要借鉴和意见。

（一）概念模型

"获得感"是心理层面的状态，学生"三全育人"获得感应参照态度类社会心理测量。心理测量是一种间接测量，一般可通过分析、推测各种能体现测量对象的行为或活动，以准确解释它的实质。在借鉴"幸福感""满意度""使用与满足"等理论的基础上，本研究尝试构建"大学生'三全育人'获得感概念模型"，该模型包括获得体验、获得途径、获得内容、获得环境、获得分享等五个维度。具体而言"获得体验"是评价学生接受"三全育人"教育资源后的情绪状况。学生在接受教育后感受到激励，体验到愉悦、兴奋等具有高动机强度的积极情绪，从而产生更强的行为动力。"获得途径"是评价学生对获取"三全育人"教育资源路径的满意度。高校将思想政治工作传统优势与新技术高度融合，学生能够通过自我认知和努力投入，从而获取相关内容。"获得内容"是评价"三全育人"内容供给与学生实际需求相契合的程度。"三全育人"的内容应回应学生关切，满足学生发展需要，在形式上符合时代特征。"获得环境"是评价外部因素对学生获取"三全育人"教育资源的支撑保障。获得环境是保障获得内容得以满足的主客观现实条件，其中核心的是学校正确的育人导向，以及社会、校园、朋辈对"三全育人"工作体系的认知评价。"获得分享"是评价学生在获得内容充分满足和良好获得体验的基础上，积极参与获得环境完善的意愿程度。当学生对学校提供的"三全育人"内容感到满足时，会在参与共建的过程中实现自我，表现为主题宣讲、担任学生干部、为学校办学建言献策等行为倾向，并因此产生更积极体验。

（二）指标设计

在概念模型的基础上，结合访谈和调研结果，采用层次分析法，将"三全育人"这项复杂工程层层分解，按目标层、准则层、指标层排列组合，形成有序的递阶层次结构。一级指标由"三全育人"的 10 个工作领域和条件保障等 11 项因素共同组成，表示指标体系的目标层，最终目标是评价基于学生获得感的"三全育人"工作质量。二级指标参考教育部思政部门提出的"三全育人"建设标准中的分类方法，将一级指标细分为 26 个隐变量因素，构成指标体系的准则层。三级指标结合校级中观层面的工作实际，分化形成 86 个具体指标，构成指标层。由三级指标进一步细化出若干观测点，即为具体可测量的四级指标，可通过学生问卷、访谈、跟踪测评、观察等多种形式实施评价工作，获得最终的"三全育人"教育质量评价结果。依据上述分析，基于学生获得感的"三全育人"教育质量评价指标体系得以初步构建。

通过继续完善评价指标体系，甄选出适合于评估主旨的目标因数，并采用两两对比的方法，评估维度上各要素的相应重要程度，进而结合评价主题的评估得出了各因子相应重要程度的总排名，并由此得出了各层次指数的判定结论。本评价体系共聘请十名中国高等院校的资深思政教育专家学者，按照 SAATY 标度法，对各因数的相应重要程度水平进行两两对比评分，并由此得出各因数的相应重要程度水平的数据。对十位专家学者的标准化规范结论的平均数，得出评价矩阵。用方根法算出了权重矢量，结论表明专家所得出的判断矩阵存在着令人满意的合理性，权重矢量也能够理解。通过计算结果，可以依据学生所获得感的"三全育人"对教学效率考核指标进行适当调整。

（三）权重分析

从权重数值来看，一级指标中"实践育人"（16%）、"心理育人"（15.5%）和"组织育人"（13%）三个维度高于平均值，相比其他育人环节更显重要。在二级指标中，"科研管理制度设计"（54%）、"社会实践长效机制"（55%）、"网络平台建设"（54%）、"服务目标责任"（66.7%）、"资助工作体系"（83.3%）和"党组织建设"（66.7%）等六项指标占对应一级指标权重的 50% 以上，可见体制机制建设和工作方案部署是落实"三全育人"综合改革效果的关键因素。在三级指标中，"思政课教师的综合素质"（2.3%）、"专任教师的育德能力"（2.2%）、"科研成果的应用性"（2.3%）、"实践载体的多样性"（4.0%）、"课程设计中实践环节比例"（2.1%）、"社会实践主题的时代性"（2.2%）、"心理健康教育课程的覆盖率"（3.7%）、"心理咨询师的专业能力"（2.1%）、"心理干预的及时性"（5.0%）、"精准资助工作体系的建设情况"（3.7%）、"将学生思政工作纳入各级党组织主体责任的重要内容"（5.5%）、"基层党建工作开展情况"（2.2%）、"学生团队的凝聚力和引导力"（2.9%）和"专项经费支持开展思想政治工作"（2.7%）等14项指标的综合权重均大于2.5%。上述结果为高校制定"三全育人"改革工作的时间表和任务书提供参考，在工作实践中可视情况对以上能够显著提高学生获得感的工作予以优先落实。

五、"三全育人"教育质量评价指标体系构建的应用对策

（一）实践应用

本研究丰富和发展了高等学校思想政治工作的评估方法，为高等学校实施"三全育人"教育质量评估奠定思想框架，但在高等教育实际应用层面，还应结合实际逐步细化评估方法。在指标设计层面，应充分考虑专业特征和学生思想现状等因素，编写四级观测点，并在使用中不断修改和优化评价体系。在研究方法层面，思想政治教育效果本身具有潜隐性和迟滞性，获得感又是心理和思想层面的状态变化，较难通过单一的测量检验获得真实数据，要综合运用观察法、测验法、实验法、访谈法和个案法等研究方法，比较学生在接受"三全育人"之后的获得感增值。在研究对象层面，"三全育人"教育质量评价指标体系既可以运用于学校层面"三全育人"质量的整体评价，也可拆分运用在某一项"三全育人"工作举措的局部评价；既可运用于一段时间的长效评价，也可运用于短期项目后的即时评价；既可运用于工作推进过程中的过程评价，也可运用于年度考核或项目周期后的结果评价。在结论应用方面，应把学生获得感作为整体评价的重要补充。高校思想政治工作具有鲜明的政治性，仅从学生获得感的角度开展评价是具有片面性的。学校要把基于学生获得感视角的"三全育人"教育质量评价结果与机关、院系、教师等视角的评价结果彼此印证，进一步增强评价的全面性、科学性和可靠性。

（二）对策建议

本研究从中观层面对当前高校推进"三全育人"综合改革提出建议。

1. 要注重将学生获得感作为思想政治工作增值的判断依据。学生是"三全育人"改革的出发点，学生获得感是"三全育人"改革的落脚点。

2. 要注重将评价结果作为推进改革进程的实践支撑。各高校要完善"评价—反馈"闭环，针对"三全育人"综合改革存在的难点弱点、盲点堵点，制定专门的行动计划和责任清单，分批推进、逐个攻破。

3. 要明确各岗位教师的育人职责，重视教师育德意识和育人能力的培养。立德树人是一项系统工程，需要通过改革推动资源整合，锤炼全体教师培根铸魂的岗位自觉和启智润心的育人能力。

第二节 "三全育人"协同育人体系建设

一、协同组织原则：坚持全面、协同的育人原则

（一）"三全育人"与协同育人之间具备耦合性

在"三全育人"背景之下，高等学校实行协作教育是一项整体性工程建设，其重点是要协调各个教育市场主体和各种教育资源优势，将其聚拢到立德树人这一中心工作目标之内，或者说，协作教育的目的是建立一支多元性的"工作队伍"，全方位服务学生的学习与发展环节，最终取得最优成效。由此可见，在"三全育人"条件下建立协同教育体制的关键问题是把握二者的关系，贯彻全面和协调两大原则。

1. 内涵耦合

"三全育人"指的是在高等学校教学过程中，掌握好全过程、全方位、全员参与投入的三种视角，为受教育工作者进行人力资源聚集式的工作。"三全育人"要求育人理念一致、育人目标协同、育人资源整合、育人过程融合、育人方式融通。[①] 这项系统性工程的核心目标是培养综合发展的人才，即能力素质高、德智体美劳协同并进的人才。在新时代实施"三全育人"的内涵正是在聚合多种资源的基础之上，培养德才兼备的高素质人才。高校实施协同育人以"2011 计划"为开端。教育部实施这一计划的最重要意义在于要求高校全面融合校内、校外的多种资源，持续释放多种育人要素的活力。最终目的包括三个方面：即封闭管理转为开放管理；分散的资源转变为汇聚融合的育人要素；学科导向的人才成长规制转为社会需求导向的人才成长规制。可以看出，"三全育人"与协同育人的内涵是一致的，即依托于开放的多种资源来创新管理制度、激发主体活力、培养全面发展的人才。

2. 效应耦合

根据相关的理论和实践成果，"三全育人"的效应可分为三个方面，即聚合性、辐射性和连锁性。首先，"三全育人"作为一项系统性工程，能够聚合多种教育力量。其次，

---

① 王艳平. 高校"三全育人"的特征及其实施路径 [D]. 思想理论教育，2019（9）：103-106.

"三全育人"体系具备辐射效应。在该理念的指引下，校内、校外的多种教育主体的责任得以明晰，各个主体都成为育人系统中必不可少的要素，"三全育人"体系具备发散和辐射作用。最后，"三全育人"体系具备连锁效应。全员育人、全方位育人、全过程育人三者之间存在着有机联动的关系。因此，在育人体系中，三者缺一不可。

（二）"三全育人"在高校育人工作中具备引领作用

自党的十八大以来，教育工作一直处于党和国家各项工作的突出位置，提出了许多具有时代性的创见，系统回答了新时代高校育人工作的一系列方向性、战略性问题，将对高校育人规律的认识提到了一个新的高度。教育部实行"三全育人"方针是对"立德树人"原则的落实，是对"如何育人"这一时代问题所做出的系统化设计。

高校要将"三全育人"理念作为教育部门和高校育人工作的政策设计原则，将这一原则贯穿高校的十大育人工作之中。"三全育人"理念从宏观角度指明了高校教育改革的基本路径和延展深度，大大拓展了教育主体和教育因素之间的活动性、工作效率。在全员育人的层面上，意味着高校中的每个人都是教师，每个学生都有教师的指导。在全过程和全方位两个层面上，要求不断优化构成教育系统的多个要素和子系统，明确多个子系统的系统归属和具体责任。高校要将"三全育人"理念融入高校育人工作之中，将新时代对育人工作的新要求转化为高校育人工作的新纲领、新指南和新实践。在新时代，只有坚持"三全育人"，才能在工作中坚持正确的政治方向，才能立足本土、展望国际，扎实办好世界一流大学。

（三）协同育人是"三全育人"最坚定落脚点

协调教育工作来源于协同理论，指的是子系统对整个系统的共同作用。在一个体系中，许多部分依据相应的关系而产生，在内外动力的影响下，部分进行转换，从而形成出特定的协同效应。当前，我国的教育获得了许多重大成就，但各种教育力量相互分割的局面没有得到妥善解决。"三全育人"理念只能落到协同教育，才能起到最佳效应。教学本身就是一个系统化工程，从其基本的组成要件出发，主要涉及教学环境、教育主体、教学技能以及教育内容。各个基本要素间既彼此独立，又彼此制约，在优化组合中可以构成一个整体的实践教学活动体系。要做到"三全育人"，必须将之贯彻到协同教育的具体任务中，形成整体教育能力。本文所关注的系统教育力量指的是社会上各个系统中存在的教育影响力量与教育系统内部所存在的教育力量，在将其进行整合的基础上所形成的教育合力。共享、互补、整合是系统教育力的最基本特点。因此，只有将影响教育主体的多种因素进行优化组合，实现子系统的协同配合，才能不断提升教育质量。

二、核心组织：充分发挥高校在协同育人工作中的作用

（一）协同校规政策的育人元素

教育部门出台的政策措施是确保高等学校教书育人工作的基础。高等学校内部的校规、校纪是促进教书育人工作有序开展的基石。校规与政府共同影响着学校教育管理工作的总体发展走向，对协同教育制度的形成起着至关重要作用。校规政策意义是多方面的，

1. 明晰各个教育主体的责任与权力，实现各个主体间的高效协调，减少各方的纠缠与利益争端。

2. 能够规避潜在的管理风险。在高校协同育人体系建构中存在许多不可控因素，例如人事变化、市场变化，等，都会影响最终的工作效果。健全的院校管理政策可以为高校的工作兜底，降低潜在风险发生的可能性。

3. 合理的政策可以为协同育人工作提供充足的发展动力。要构建协同育人体系需要多种资源的投入，有效的政策保障可以防止育人主体之间的推诿扯皮，保障各项工作高效进行。

4. 各个主体要遵守高校自主建构的多元规范，并不断优化相关规范。

5. 高校在建立协同育人的保障规则时，要注重主体性原则。制定的规则要能够充分激发每个主体的积极性。对于管理主体来说，要理顺不同部门之间党政干部的关系，确保党政干部的作用发挥。对于实施主体来说，高校要为专业课教师和辅导员制定合理的培训制度和管理制度，以求在具体工作中做到有条不紊、游刃有余。

对接受主体而言，协同教育的重点发展对象是高等教育学生，学校一切的工作都是帮助他们进一步的发展。学校在制订规范时应强调服务性与可持续性，保证学校主体能力的持续提高，促进学校全面发展。

（二）协同体制机制的育人元素

现代高等学校育人功能的实施离不开体制机制的支撑。首先，体制机制确定了高等学校教育功能的基本组成结构，确定了所有教育参与者的权力、职责范围和基础要件。其次，制度价值确定了教育任务的实施效果。在上述各种机构的共同努力下，众多主体间存在的利益壁垒得以被有效破除，各项政策举措也得到了有效落实。最后，体制机制的构建程度也决定着主体最终的教育效益。唯有构建起多联互通、统筹有效的体制机制，才可以实现不同主体的权利诉求，从而达到多种力量的合作共赢。

因此，高校教育机构可以分为如下五个领域：

1. 领导机构。高等学校党组织是协同教育事业的领导核心，高等学校必须在保持党组织中心作用的前提。同时，进一步优化主体顶层设计，有效协调各项正常教育任务，实现不同主体间的协同联动。

2. 协同体系。高等教育机构必须全面解放不同主体的发展能力，帮助不同主体明确自身的角色与功能，进一步优化各主体间的内在联系，实现对个人、群体发展能力最大的优化与组合。

3. 资金保障机制。高等学校机构协同教育项目的实施，需要资金的支持。高等学校必须在保障正常教育任务实施的基础上，主动自主探索，努力取得社会各界资源的帮助，进一步扩大对社会各界资金的共享感。同时，高等学校机构还必须给予积极努力中的教育主体以一定的资金支持，从而进一步优化教育主体的内部结构，以促进多元主体的积极作用与发展能力。

4. 考核体系。高等学校还必须设置一个专业的工作评价机构，通过灵活多样客观的手段，来评估不同主体的教育工作，以完成对协同育人工作的系统化、整体性评估。

5. 监督机制。高等学校还必须建立协同育人工作的督导小组，以随时掌握不同主体的工作情况、工作方法和工作成效，并及时处理学校运行中存在的问题，以做到多元主体间的协同工作。

（三）协同利益文化的育人元素

在高校协同育人工作的推进中，各个主体之间的利益需求、意愿表达、管理能力等方面都存在很大差异，在协同工作的过程中难免会出现利益冲突。以高校内部协同育人工作推进中涉及的教学部门和后勤部门为例，教学部门和教师强调的是学生的个性发展和学习能力的成长，而后勤部门所关注的是学生的高度配合和基本的食宿保障，行事风格较为直接。校内的多个主体之间要想实现合作共赢，就要充分依托于高校统一化的平台，在换位思考的基础上不断探索新型合作方式。"协同在本质上就是打破资源（人、财、物、信息、流程）之间的壁垒和边界，使它们为相同的目标而进行协调的运作。通过对各种资源最大化地开发、利用和增值，以充分达成一致的目标"。[①] 高校要强化不同部门主管领导的培训和评价制度。在高校工作中，各个主体之间存在着多元化的联系，并在多元联系的基础上形成了稳定的社会关系，高校协同育人工作本身是一个多主体共同参与的活动，在构建新型合作关系中，要注重以下原则。

1. 建立统一的工作目标。在协同教育的目标下，学校内不同主体各有具体的子目标，

---

① 詹勇，王文婷. 建立基于供给侧改革的协同育人平台运行机制 [J]. 中国高等教育，2016（10）：24-27.

但多主体的工作需要在主流价值观念的指导下，实现各主体在情感、价值方面的共识，设计统一的远大目标，最终达到多主体的良性互动，提高教育效果。

2. 建立适合于多市场主体的活动制度。高校协同育人的任务是规范的行为，多元化市场主体的全面行为可以有助于规划总体目标的达成。要达到整体的育人目标，必须建立符合于各组成部分工作实践的活动规则。活动规则的制订要符合颁布的规章制度和有关业务标准，在操作流程中进一步优化工作规范，提高规则制订的透明度。

3. 增强多元主体的合作交流力量，全面调动多主体的能动性。

（四）协同基础条件的育人元素

1. 在多元的合作教育的进程中，各主体各自所具有的基础因素影响了具体的教育效果。基础条件主要涉及下列领域：

（1）决策层的领导水平与顶层设计能力。

（2）教师和行政人员的职业能力。

（3）教育对象的个体素养。

2. 高等教育系统的创新能力和社会治理水平，也直接关系到高等教育的发展品质。领导者的水平直接决定着人才培养项目能否具有先进性。而教育工作者的水平则直接制约着培养对象的教育素养和可持续成长水平，而培养对象自身的素质也反作用于整个教育系统发展。而推动高等教育不同主体发展水平提高的关键就在于，各个主体内部能否具有协同互补的发展环境。

（1）各主管部门之间必须建立共同的教育理念。高等学校的协同教育项目也必须坚持立德树人的根本任务，以进一步激发部门协同的向心力，共同为培育新时期的新型教育体系做出努力。

（2）高等教育系统必须完善涵盖各部分的教育标准。在完善机制的基础上，各单位工作人员要积极主动地进行操作。

（3）各单位应在机制的鼓励下不断提升教育水平，促进各类人才在各个单位间的流动，这样就可以进一步完善组织结构，使之更加适应学校的发展规划。

三、外围结构：高度凝聚各界力量的育人合力

（一）家庭内部要营造良好家风

党的十九大报告明确指出，人民群众对于幸福生活的需求已经从物质层面转变到文化层面。家风是社会价值的缩影，家庭建设在任何时期都应当得到重视。"家风是建立在家

庭教育基础上的道德规范和行为准则，具有重要的育人功能"。① 中华民族的优秀传统之一就是重视家风的建设。优良的家风不仅能够保障个人的健康成长，还能够进一步实现家庭的和谐和民族的富强。因此，高校在推进协同育人的过程中，应当重视家庭教育的重要性。当前，随着社会经济的飞速发展，宗族意识日渐淡薄，导致家庭作为传统贤德传承基本单位的地位减弱。高校要构建专业化的家校协同育人队伍。家庭教育具备双重属性，既能够保障人的天性发展，还能够促进人的社会化成长。家庭成员之间存在的独特的情感沟通方式，能够增强实际的育人效果，能够强化大学生对自强不息、睦邻友好、敬老爱幼等传统美德的认识。在新时代，应当运用新技术和新理念来构建高效的家校协作育人队伍。这一队伍的建立能够帮助大学生形成稳定的价值观念，自觉接受中国特色社会主义文化的教育。

（二）社会要构建良好的外部环境

社会是学校发展的大环境，院校是发展的小环境，大环境的风终究会吹到小环境中。所以，为了协调家庭教育的外界动力，政府部门要进一步净化社会教育工作环境，营建良性的文化环境。"建立社会、家庭教育、学校合作教育共同体，以促进教育工作顺利展开"。② 首先，要明确以文化人的理念。社会环境的构建要以能够带动学生思想道德水平的发展为目标。社会各个主体必须在教育主管部门的统筹下构建好多元类型的社会实践平台，确保学生在良好的平台中提高创新能力。在社会文明建设环境的营造中，要把握思想导向，不给错误思想传播的生存空间，切实抵制可能危及大学生的错误思想进入学校社会主义文化阵地，确保为高校生创造风清气正的社会环境。其次，要推动以立德树人原则为引导的社会实践平台的建立。参加社会实践是增强高校学生思想意识的重要手段。一方面，教育主管部门要构建多样化的活动来传播社会主义核心价值观。另一方面，要在结合高等学校协同教育基本目标的基础上，设计相应的对接活动，扩大高校生的学习课堂。

（三）企业要积极承担协同育人的社会责任

协同育人的难点在于难以与高度市场化的企业展开深入合作。相关研究表明，利益机制对于参与协同育人的企业来说具备显著影响。企业参与高校协同育人的基本目的是获取更多高技能、高忠诚度的人才，以便于获取更多的经济利益。因此，要调动企业参与高校育人工作的积极性，就必须要对症下药。一方面，要有效发挥人才供应与利益回报的杠杆

---

① 李留义，王卫国. 家风建设与高校思想政治教育的协同育人探究［D］学校党建与思想教育，2020（16）：86-87.

② 王吉祥，吴淑娟. 大学生社会责任感教育中的协同育人路径探究［P］. 扬州大学学报（高教研究版）. 2018, 22（5）：83-87.

作用；另一方面，高校要积极建立产教融合的平台，依托合作平台，打造利益共同体，引导企业深入育人工作之中。与此同时，企业要借助高校推进协同育人的战略方针，协助建立校企共生基地。一方面，高校负责创新型人才的供给；另一方面，企业供给资金和管理经验，合作共创一批高质量的大学科技园。企业要拿出资金来支持重点实验室、技术研发中心的建立，推进产学研的深入发展，联合进行重大科研项目的攻关，为相关产业的发展提供人才支撑。同时，企业在参与高校育人工作时，要明确学生的身份，尊重学生的双重身份和双重利益。如果学生的应得利益得不到保障，就会大大挫伤学生到校外学习的积极性，也会在一定程度上给企业和学校带来损失。此外，企业与学校在实施协同育人过程中，要健全有针对性的培训制度，不仅培育学生的实践技能，更要提升学生的职业道德，贯彻立德树人的总原则，引导学生认识到敬业奉献的重要性，为学生的日后发展奠定基础。同时，企业要在日常管理中保障学生的多方面利益。

综上所述，在高等学校建立协同教育制度的进程中，不同要素间的相互作用不是互相独立的，而是互补的。在具体实施上，学校必须掌握好整体和协调两大基础，依靠完善的体制，统筹好各大要素间的联系，始终以学校为核心，用好所有教育育人要素。

四、协同纽带：建立主动、受动、导向性主体的联合工作机制

（一）高校要完善主动性主体工作机制

主动性主体是高校协同育人工作中的实施主体。主动性主体不仅包括教师，也包括多个部门的行政人员。要把机构职责调整优化同健全完善制度机制有机统一起来。健全协同育人制度的过程也是健全高校管理制度的过程。主动性主体需要借助制度在实践中不断优化自己的工作。在新时代，要增强育人工作的实效性，就必须要完善激励制度、考评制度和保障制度以及人才选拔制度。推进协同育人工作的核心是保障人才的供给。高校应当牵头建立一个由优秀企业管理者、优秀学生、优秀教师等组成的管理组织，来统一协调育人工作，明确参与育人工作各个主体的角色与职责。在激励制度的建设中，应当考虑企业、学生、教师等多元主体的多元化需求，采取物质激励和精神激励的双重手段。在考核制度的建设中，要兼顾定性评价与定量评价两种方法，突出过程性评价，以保证充分调动多元主体的积极性。高校在建设适应协同育人体系中所面临的主体和资源在量上空前之多，应当引入大数据技术，全面监测各个主体的实际育人效果。在保障制度的建设中，应当运用大数据技术协调多方面的资源，为多个主体的工作提供充分的保障。总之，在协同育人的制度建设中，应当突出协调性、平等性和信息化的原则。

（二）学生要转变受动性主体思维方式

受动性主体指的是大学生，即协同育人工作的受益者。在教育中最为重要的是激发学生的积极性，在学生主动的前提下才能增强育人工作的实效性，推动高校育人工作的可持续性发展。学生要注重转变思维方式。首先，学生要提高对政治理论知识的了解程度，把自身的未来和祖国发展的未来紧紧联系在一起，并自觉地承担起时代发展责任。其次，学生要转变过去被动的学习为自主的学习。在过去的高校教学中，往往偏重于采用流水线、同质化的教学手段，这样所教育出的学生往往是没有个性和创造力的。协同教育项目的实施就是要克服这一培养模型的痼疾，学生既是整个教育项目的承受者，又处于育人项目的各个环节。以项目管理专业的本科生为例，既可以接受全方位、全过程、全员的育人工作，也可以接受个性化的任务。管理专业的本科生需要被安排到项目中的具体职位当中去。

而且，在家风教化的基础上，各个学生也可以形成不同的特点。可以说，高校生的个性化发展、主动学习既是开展协同育人事业的需要，也是实现协同育人的最后结果。

（三）外围力量要优化导向性主体工作路径

除去主动、被动主体以外，影响协同教育合作效果的重点是校园环境、社会环境和网络环境。在学校内部氛围的构建上，要掌握好以下两方面：其一要把思政管理的内涵渗透到高校管理工作当中，全面提高管理者的综合素养，减少实际管理中出现的障碍性问题。其二要重视学校的主体地位，在管理与教育上时刻充分考虑学生的实际，以提高对教育管理的情感化。在教育平台与校园环境的构建上，应发挥教育行政部门的主导作用。

1. 教育行政部门在宏观经济上具有巨大的作用，控制了经济社会多方面的影响。就学校教育事业而言，教育主管部门能够做到正面价值观念的教育工作，为高校的发展提供一种优良的氛围。

2. 教育主管部门对育人事业具有强有力的引导力，必须介入到学校的教育事业上来。教育主管部门必须加大使命责任，促进各部门直接参与学校的教育管理工作。

3. 教育主管部门要充分发挥好社会各个部分的统筹功能。高校是校园内的教育主体，但学生在与社会各界的联系中，学校的参与度明显欠缺。这就要求教育主管部门配合有关政府部门，发挥合力，帮助社会实践中的学生尽快找回自身的位置。

总之，重视学生主体地位、保障学生权利、维护学生的可持续成长，是建立协同教育发展制度的关键性基础。

第三节 "三全育人"体系评估

在高校教学中倡导实行"三全育人"的教学模式，是保证教育目标实现的关键。在"三全育人"中，要求学校、家庭、社区紧紧地融合在一起，做到相互连接，确保涵盖教育的每一阶段。

一、选取全方位、多角度评价指标

关于教育改革方面，我国已经拟定颁发了相关文件对此进行规定，把尊重教育规律、学生自身的发展规律放在首位，为每一个学生都能提供合适他们的教学方式。其中，更加看重学生的个性差异以及不同特点，保证发挥每一个学生的潜在优势。建立健全高校生全面发展与个性化发展同步的过程之中，这也是高校思想教育工作的首要任务，因此，在对高校生的综合测评之中，需要考虑到外界、内部、正式、非正式、专业性、知识性等各方面的发展内容，这样才能让测评的内容更加符合学生的自身发展规律，让学生可以根据自己的个性发展。同时，在测评的时候，必须要保证测评内容的全面性，防止测评片面而出现的各指标之间的"主、次、轻、重"，这样会让学生出现偏差，在养成时忽视了其他指标。其次，还要保证指标的客观性，体现出高校素质教育的要求，这样才能满足国家对高素质人才的需要，让学生可以根据国家的实际需求，保证学生综合素质能力的全面提升。

二、建立全过程评价体系

（一）关于《学生发展成长手册》（以下简称《手册》）的建立

《手册》主要是以学生的成长和发展为主线，记录学生的情感、思想观念、学习能力等各个方面的发展，是以纪实为重点的，同时将素质发展融入学生成长的整个过程之中，最好加上一些反馈内容。在《手册》中，主要包含的基本信息有：学生的基本情况，政治素养方面的信息，学习成绩、能力提升方面的信息，关于成长的感悟内容等，还可以根据学校的具体要求加上相关内容。其中的学生能力提升，可以包括学生在学校参加的文化活动情况、社会活动等方面，保证学生可以融入群体。最好在《手册》中加入关于成长的感悟信息，这样能够随时记录学生的思想成长经历以及关于个人的突破情况，这里的感悟完全是看学生的个人情况，或许是非常小的一次尝试，这也算是有所提升，对于学生的全面成长都有非常大的帮助。

学校在前期规定学生在固定的时间之内将信息录入《手册》，然后逐渐培养学生的记录习惯，学校可以通过对学生的信息的分类、权重、量化处理，查看学生的实际素质情况，然后把这一信息如实地反映给学生本人和家长，通过这样的方式可以对学生起到正面引导和促进作用，发挥综合测评的全面化作用。根据学生的特点对其进行详细的评价，素质教育不是一蹴而就的，是一个需要有步骤、分阶段、分层次的成长过程，对于一年级的高校生来说，需要根据这一阶段的学生情况进行素质意识和观念的养成；对于二年级的学生，可以对各项素质进行训练；对于三年级的学生，可以着重培养他们的实践能力。因此，学校在进行评优评奖的时候，可以采用定性测评和定量测评两种方式相结合的方法，学生的基本素质能力可以采用定性测评，专业的知识与实践项目则可以通过加权求和的方式进行测评。根据学生的成长要求，不同年龄的学生测评指标所占的比重都应该有所变化，通过侧重点的不同，引导学生达到知行合一。

三、发挥班主任作用，体现全员育人

（一）确定全员育人的方案，保证育人目标的确定

育人的方法并非班主任一个人就可以定下来的，必须学校主管、校级班主任、辅导员一起合作，共同商议全面素质教育的量化评价办法，最后制订各个班级的评优考核的工作细则和考核程序，确保考核方法的科学性。

（二）全员评价要公平、公正

制订了考核目标以后，在执行过程中就必须开展具体的督导，各年级班主任老师、学生干部成立督导小组，这就可以提高班主任老师和学生干部的使命感和责任心，塑造他们公正、优秀的形象。

（三）全员参与评审，增进师生之间的交流

在进行考核评优的毕业答辩上，班主任工作和各院的主管、辅导员、班级干事等构成一个答评团，通过不同的视角对学生的在校情况做出客观的评估与建议，这可以使学生真实地知道自身要改进的方向，同时，还可以加深学生相互之间的情感，减少隔阂。

(四)全员参与评优，保证工作效率

班主任、辅导员所开展的评优教育工作，可以针对学生的具体状况，对学生进行人文上的帮助和心灵上的帮助，在这种活动中，老师必须倾注更多的爱心，对学生进行更加正面的指导，以帮助他们为上进努力。不仅仅是在学业上，在生活中也可以做出更具体的帮助，如此才可以表现出全程育人，使每位学生都能够获得更好的成就。

综上所述，素质教育各项任务并非一蹴而就，必须通过全校师生的努力奋斗，才能确保各项任务圆满完成。因为每位学生的成长环境是存在差异的，所以，要想使每位学生全面幸福地发展，就必须全体教职工形成良好的教育理念，完善教育的每一环节，确保学生能够在校园内不断提高自我，如此才能将"三全育人"落到实处。

第四节　书院制"三全育人"改革绩效评估

高等学校绩效考核是提升高等学校财政支出效益、配置教育公共资源、保证教育目标完成的有效途径。我们以"3E 管理原则"，即强制管理（Enforcement）、教育培训（Education）、工程技术（Engineering）为基准，以南京审计大学为例，经过对书院制"三全育人"下学生管理模式及成绩开展数据分析，得出书院制"三全育人"改革背景下学生"3E"管理的评估。

一、"三全育人"改革的初衷

高校学院制度为高校学生提供了很多非典型的教育资源，着眼于他们的全面成长，形成了一个小家庭式的和谐环境，增进了老师和同学之间的沟通交流，以便于更好地对他们进行关爱与帮助等。而在学院的"三全育人"下，各书院提倡他们多参与科学研究和各类课外社会文化实践活动，主要是出国交流访学、专业讨论会、经济类演讲、专业竞赛、健康项目、志愿者项目乃至团体素质拓展项目等。尽管就目前来看，学院制"三全育人"模式已经给高校提供了许多便利，但随着教育改革的深入也面临一些新问题。例如，尽管各专业学生混合住宿的生活方式开阔了学生的眼界，但却导致他们在专业上通而不精。针对全校学生的通识课程，无法解决他们对专业知识讲座的需求。而住宿分散也导致他们与专业学员联系薄弱，缺乏专业归属感。

二、"三全育人" 改革研究方法

　　小组人员将对南京审计大学（以下称"南审"）四大书院设立时机、基本情况以及改革的具体方向等问题进行对比分析，认识不同改革措施在不同条件下的效果。从学校教育这一视角入手，采用问卷，导师采访的形式进一步研究南审书院制度的执行状况。利用可行途径掌握书院制度下学生自主管理模式的实施细则和规范，通过找出标准和实践间的差异，利用 3E 模式得到对学院制度发展状况进行客观评估，从而制订出切实可行取得双赢效应的学校自主管理模式建议。

三、书院制度 "三全育人" 的绩效评估

　　经过对其他高校学院制度改革的研究与总结，南审书院制度育人改革已经进行了三年。改革的顺利与否，最终需要经过业绩审计来验收。经济效益（Economy）、效率性（efficiency）和有效性（Effectiveness）是业绩审计的三项要素。经济性是指在费用管理工作中形成合理的关于费用的决定制度和优先配置制度，以最低的资源消耗取得一定数量和质量的产出效益是对费用在各项决定制度、执行进度、经济性与社会效益等方面要求的具体反映，确保以最小的投资获得最大数量的产出。有效性是根据当前经济效益和长期社会效益来共同评价费用所达到最终结果的体现。

（一）经济性

　　自主管理是给每个学生充分授权，让每个人都能参与到校园活动及个人发展的规划安排中来，增强其责任感的同时，激励学生的学习自主性和创造性。自主管理作为一种管理思想，其全过程需要充分注重人这一要素，充分发挥学生的潜能，将学生的个人目标与学校的整体目标相统一，从而实现一种双赢的局面。

　　南审的学生管理组织目前在党建有自管会，与学生党支部重合。学生会有改革发展部。南京审计大学学生公寓自我管理委员会是维护全校学生正当权益，配合学校相关部门管理公寓的学生自我监督组织，是连接学生与学校的桥梁和纽带。南审自管会接受校公寓管理部的领导、接受团委及总务委员会的指导。自管会的工作宗旨是一切以学生为本，自我教育自我管理自我服务。自管会由自管会主席主持工作，下设副主席、分会主席、秘书处、宣传部、外联部、文体部、生活部等部门，实行部长负责制。与一般学校学生组织架构按学院划分不同，南审以书院为单位成立了四大书院党团学联以及校学生会。这样极大地减少了学生组织机构庞大冗余的问题，同时避免了各个学院局限于一个小圈子里的学生

管理模式，节约了举办活动和日常管理的各项经费支出。由此看出书院制改革的经济性是非常显著的。

（二）效率性

短短两年时间，南审就实现了学院的改造，成功改制书院模式，并继续加强了双一流学科。全新的人才观已成为南审教育的共识。

学生自主管理是一项全新的模式，是指在教师的引导下，学生主动发掘自身资源、发现自身潜能、确立自身成长方向，以此养成适应社会成长需要并提高自身能力的意识。就目前而言，很多高校学生对自己的课外实践都没有系统性的计划，在课外实践中所能得到的知识潜力也没有得以发挥。"学生课外学习促进他们的理解、学习与实践，培养人文意识，提高人际关系与自身心灵反省的意识和实际技能。"所以，想要培养他们的综合意识，推动他们学习成长，必须从各个方面、不同层面上都进行学习和课外的互动，突破传统的限制。学院融合了班级活动与社团活动，发挥学校社团的创意与潜能。改造后学校合并成润园、泽园、澄园、沁园四个学院。和学院注重专业化不同，书院更注重全人教育，使各个学生团队都包含着各个学科不同年龄段的学生，突破了学科的局限。整合也扩大了社团规模，同一个活动能够吸纳更多学生参与，提升了经费的运用效果。

（三）效果性

为了了解书院制改革下学生管理的效果性，调研小组采取问卷调查的方法对学生进行调查。共发放137份调查问卷，收回有效问卷98份，有效回收率为71.53%。调查结果分析显示书院制下学生管理的效果体现在三个关键方面，即学生主动性、分类导师制和学生自主管理工作模式。传统的学生管理工作多是以学校为主体，为学生服务，从而代替父母执行监督管理学生的义务，因此这种方式的行政功能较强而教育性不足。与此不同的是，该校的"三全育人"改革的主要作用就是进行学生的主动管理，使他们能够独立设计管理自身的课外知识，进而使他们在院系管理下训练自身的学科水平，在学院管理下训练他们的整体水平，达到素质的双向发展。学院将日常管理、社团建立、志愿服务、学习指导等学生管理工作，以培育学生核心能力为宗旨，强化教育性，重构管理方法。另外，学院还成立学生自治小组，创造寝室人文环境，科学合理分配室友，举办特色寝室规划建设活动，增进同学交流，发掘和丰富寝室的育人功能。学校还为在校生配备专业教师、班级辅导员、就业教师，从各个角度帮助他们。师生之间的拉近了距离，便于他们处理日常事务。书院指导老师和就业指导老师对学员进行较为全面的职业规划与学习辅导。书院制度的效果在短时间有所反映，未来的长远经营中仍应继续做好各方面的协调，力争效益最优化。

四、对完善书院制度"三全育人"的建议

（一）加强书院制的解读和宣传，促进师生对书院制内涵的了解

调查结果表明，46.32%的高校生对书院制不熟悉，但在不熟悉的同学中上大一的学生所占比率达 53.25%。学院创办之初，学校对书院的认可度普遍不高。原因是部分学校觉得书院制度可以传达不同学科之间信息，同一学科学生的课程时间一致，不会出现对不同学科同学生活作息的影响。由学院制到书院制度的转变使得一些高校生感到疑惑，不能理解书院出现的意义。学院应积极开展讲座宣传工作，宣传书院制度在通识课程教育和学校自主管理方面的意义，使学校和教师切实接受并了解书院体制。

（二）明确学院和书院各自的职责所在，协调通识和专业教育

书院侧重于社团、通识教育，二级学院负责课程教育、实践性课程和各学科相应的任职资格考试等。制度的过渡要做到井然有序，机构紊乱不利于学校的发展与成熟。研究表明 65.87%同学觉得目前书院与学院的职能分工没有弄清楚，致使有时候产生"踢皮球"现象。明晰各方职能，通过成立各助理社团、学术社团来增进学校与书院的沟通。避免管理真空地带与职能互相交差现象。

（三）完善导师运行机制，加强师生交流

在选择书院导师时，可采取问卷调查的方式来了解学生的需求。想要学生实现学习、道德、心理、人际、职业等多方面的全面发展，需要构建完善的支持促进体系。该体系需要不同的导师承担不同的角色。因此，每个书院皆需要配备书院班导师、学业导师（公共课）、社团导师和就业导师。就各导师的日常工作而言，还应提出相关具体要求，包括每月探访学生寝室＿＿＿次，每月参加＿＿＿次班级活动，每学期提供一次专业学术咨询指导，每学期为所在书院组织一次相关学科讲座或沙龙等。这些规定要求导师主动接触学生，充分发挥其专业特长，帮助学生答疑解惑。导师制度是书院制改革的重点，优秀的导师可以对学生的学习和思想产生潜移默化的影响。

（四）完善学生自主管理制度，提高学生主动性和自治权

提高学生对书院制度的归属感，使学生投入到书院的创建当中可以大大提高他们的积极性和自治动力。书院制度的建立与修改要通过师生一起商讨的办法，才会得到实际效果。通过各种方法推动学校社团自治，如自我管理等机构，以提高自我管理、自主学习等

方面的观念。而学生自制也是书院的主要特色，因此书院必须采取多种措施充分地调动其积极性。

学院制的发展进程中难免会存在弊端，但从长期目标而言，它使南审实现了创办一流高校的理想。同时为学校的长远发展指明了道路，书院提供通才培养，学院提供专业技能，促进学校在日益激烈的人才竞争中具有持续竞争力。

参考文献

[1] 许青云. 书院制：高校育人模式的创新思考 [J]. 平顶山学院学报，2022, 37（04）：98-102.

[2] 杨军. "三全育人"理念下书院制与导师制协同育人的实践研究——以四川城市职业学院为例 [J]. 公关世界，2022（14）：28-29.

[3] 代中杰. 书院、学院"五位一体"协同育人模式实践与研究——以郑州航空工业管理学院为例 [J]. 管理工程师，2022（04）：67-72.

[4] 梁宏亮，艾美伶. 书院制育人助力一流本科教育——以华东师范大学孟宪承书院为例 [J]. 科教文汇，2022（11）：4-7.

[5] 姬志闯，张甲钰. 地方高校书院制育人模式面临的挑战及应对路径 [J]. 开封文化艺术职业学院学报，2022（04）：100-102.

[6] 罗来金. 书院育人促个性五育并举齐开花——现代书院制育人方式改革探索 [J]. 中国德育，2021（17）：65-69.

[7] 肖翠婷，王齐. 三全育人背景下高职"旅游政策与法规"课程思政实施研究 [J]. 才智，2022（33）：35-38.

[8] 常亮. 高校院系推进"三全育人"综合改革的路径与对策 [J]. 扬州大学学报（高教研究版），2022（05）：99-106.

[9] 王璐莎，朱蓝燕，黄勇. "三全育人"背景下高校学风建设研究 [J]. 黑龙江教育（高教研究与评估），2022（10）：57-60.

[10] 魏伟，刘博. "三全育人"理论与实践探索：做法、效果及启示——基于内江师范学院范长江新闻学院的改革实践 [J]. 内江师范学院学报，2022（09）：66-71.

[11] 岳丹丹，孙盼盼，孙莉. "三全育人"视域下高校辅导员对大学生思想政治教育的对策研究 [J]. 才智，2022（24）：147-149.

[12] 龙跃君. 传统与现代的融合现代大学书院制研究 [M]. 长沙：湖南大学出版社，

2019：5-7.

[13] 程海东，宫辉. 现代高校书院制教育研究 [M]. 西安：西安交通大学出版社，2016：13-15

[14] 杨道建. 新时代高校三全育人理论与实践 [M]. 镇江：江苏大学出版社，2021：9-13.

[15] 张军，武立勋. 现代高校书院制教育研究 [M]. 北京：北京航空航天大学出版社，2015：23-25.

[16] 吴坤埔，彭杨. 高校"三全育人"开展路径探索与创新 [M]. 西安：西北工业大学出版社. 2022：35-39.

[17] 戴红，蔡春，黄宗英. OBE 教育理念下三全育人理论与实践 [M]. 北京：知识产权出版社，2019：12-18.

[18] 张宝秀. 地方高等学校推进三全育人的实践与创新 [M]. 北京：知识产权出版社，202：56-58.

[19] 王平. 高校法学专业"三全育人"探索与实践 [M]. 北京：知识产权出版社，2020：69-72.

[20] 吴玉程. 新时代高校思想政治工作"三全育人"探索 [M]. 北京：知识产权出版社，2020：89-96.

[21] 姜雅净，程丽萍. 三全育人理念下高校课程思政改革实践 [M]. 上海：立信会计出版社，2021：101-103.

[22] 曹都国. 三全育人视域下高校思想政治工作多元协同的理论与实践探索 [M]. 上海：复旦大学出版社，2021：99-101.

[23] 熊晓梅，张国臣. 育心铸才东北大学三全育人综合改革案例选编 [M]. 沈阳：东北大学出版社，2021：75-79.

[24] 付瑞红. 高校"三全育人"教育体系评估及实践探索 [M]. 秦皇岛：燕山大学出版社，2021：45-49.

[25] 岳修峰主编；向春枝，陈璐. 普通高等学校"三全育人"研究 [M]. 北京：社会科学文献出版社，2018：12.

[26] 陈文婷. 高校"三全育人"的协同路径 [J]. 高校辅导员，2019 (4)：45-48.

[27] 何静. 以立德树人为根本 以教师全员为抓手 践行"三全育人" [J]. 湖北开放职业学院学报，2019，32 (14)：106-107.

[28] 胡守敏. 新时代背景下高校"三全育人"研究 [J]. 学校党建与思想教育，2019 (14)：68-70.

[29] 路以兴，高萍. 基于"三全育人"理念的专业课程思政育人工作的思考：以高职农业经济管理专业为例 [J]. 黑龙江生态工程职业学院学报，2019（4）：133-135+60.

[30] 张佳晨. 基于新时代下高校落实"三全育人"的理论与实践探究 [J]. 教育现代化，2019（55）：16-17.

[31] 李科锋. 工匠精神融入民办高校"三全育人"工作的价值与路径探索 [J]. 就业与保障，2022（07）：163-165.

[32] 江腊生，冯敏强，白鹿洞书院文化对大学导师制的现代启示 [J]. 黑龙江高教研究，2010（8）：3-4.

[33] 黄厚明. 书院制与住宿学院制高校学生管理模式比较研究 [J]. 高等工程教育研究，2010（3）：3-5.

[34] 何雅俊. 香港中文大学的书院制——基于高等教育的哲学思考 [J]. 高教研究，2011（10）：1.

[35] 司马云杰. 文化价值论——关于文化建构价值意识的学说 [M]. 合肥：安徽教育出版社，2011：58-59.

[36] 范双利，彭远威. 论现代大学书院制的建设 [J]. 高教探索，2014（6）：13-15.

[37] 王素梅，朱捷. 书院制背景下教学改革模式探究 [J]. 当代教育理论与实践，2014，6（12）：72-73.

[38] 柯征. 现代书院制下高校新型师生关系的构建 [J]. 高教论坛，2014（11）：1.

[39] 田建荣. 现代大学实行书院制的思考 [J]. 江苏高教，2013（1）：61-62.

[40] 王岚. 试析现代大学书院制教育对高等学校德育的启发 [J]. 高教论坛，2014（12）：171.

[41] 俞静. 现代大学书院制教育对高等学校德育的启示 [J]. 比较教育研究，2011（10）：103-104.

[42] 白新良. 中国古代书院发展史 [M]. 天津：天津大学出版社，1995：63-65..

[43] 陈宏薇，耶鲁大学 [M]. 长沙：湖南教育出版社，1990：9-11.

[44] 谷贤林，导师制. 午后茶·住宿学院与一流大学的人才培养 [J]. 比较教育研究，2003（9）：28.

[45] 王红玲. 浅议精英人才培养 [J]. 高教与经济，2006（3）：15-18+53.

[46] 邹晓平. 精英高等教育与大众高等教育：两个体系的解读 [J]. 高等教育研究，2005（7）：11-16.

[47] 徐肇俊. 对精英教育应赋予新的内涵 [J]. 大学教育科学，2006（2）：27-29.

[48] 罗嗣海. 基于全人教育理念的高校本科生导师制工作模式探索 [J]. 江西理工大学

学报，2012（4）：53-55.

［49］苏清山.""三全育人"背景下大学生理想信念教育研究 ［J］.黑河学院学报，2022（07）：37-39+67.

［50］赵秋宇，王洁明，曲怡，等.基于三全育人理念探讨教育部重点实验室学生助理创新模式研究 ［J］.中国中医药现代远程教育，2022（14）：168-170.